NEW-LINE JAPANESE LANGUAGE

新 뉴라인 일본어

최광준, 이분우, 마노 토모에 공저

1

다락원

현대를 글로벌 시대라고 합니다. 따라서 영어를 비롯한 외국어를 한 가지 이상 해야 하는 시대가 되었습니다. 이런 의미에서 일본어 습득은 매우 중요합니다. 현재 한국에는 여러 일본어 교재들이 출판되고 있습니다. 예전에 비하면 일본어 학습자들의 교재 선택에 폭이 매우 넓어졌다고 할 수 있습니다. 그러나 너무 문법 위주로 되어 있거나, 실생활에 동떨어진 예문, 또 최근 일본에서는 그다지 쓰이지 않는 표현들도 많았습니다. 이러한 문제들을 해소하기 위해 본 교재에서는 현재 일본에서 일상적으로 쓰이고 있는 표현들로 본문을 구성했으며, 칼럼 형식의 문화사정 등 학습자가 지루함을 느끼지 않으면서 일본어를 자연스럽게 접할 수 있도록 구성하였습니다. 문형에서도 너무 어렵지 않도록 쉬운 문형들을 중심으로 하였습니다. 일본어 연구자들과 공동으로 일본어 교육의 문제점들을 해결해 나가면서 교재를 출판하려고 노력하였습니다. 그러나 아무리 좋은 교재라 할지라도 학습자 스스로 노력하지 않으면 외국어는 습득하기 어렵습니다. 본 교재를 사용하여 학습자들이 일본어 공부에 흥미를 느끼고 큰 성과를 올리기를 바랍니다.

마지막으로 본 교재 출판을 흔쾌히 맡아주신 다락원 여러분께 감사드립니다.

2014년 1월
저자 대표 최광준

교재의 **특징**

이 교재는 일본어에 대해 아무런 지식이 없는 초급부터 기초문법을 학습할 수 있게 되어 있습니다. 총 15과이며, 단어의 의미와 문법 설명 등이 한국어로 되어 있어 수업하기에 매우 적절합니다. 회화부터 시작해 새로 나온 단어, 문법해설, 문형연습, 회화연습, 응용연습, 한자연습, 일본문화 엿보기로 구성되어 있습니다. 회화의 문장은 너무 길지 않고 단순하면서도 자연스러운 회화가 되도록 배려하였습니다. 문법해설에서 배운 내용은 문형연습, 회화연습, 응용연습에 걸쳐서 반복해서 학습합니다. 연습문제가 많으므로 학습자가 문형을 확실히 익힐 수 있습니다. 또한 단어에는 악센트가 표기되어 있어 MP3 파일을 들으면서 정확한 발음을 익힐 수 있습니다.

교재의 **구성**

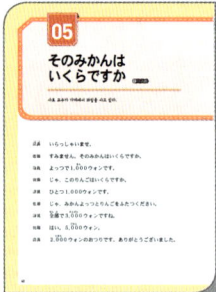

회화
'새로운 단어'와 '문법해설'을 보면, 혼자서도 어느 정도 본문의 의미를 알 수 있도록 되어 있습니다. 수업 전 예습을 하는 것이 바람직합니다. 눈으로만 의미를 이해하지 말고, MP3 파일을 반복해 듣고 따라해 봄으로써, 자연스러운 일본어 악센트 및 억양을 익히도록 합니다.

새로운 단어
학습자가 혼자서도 자연스러운 악센트를 익힐 수 있도록, 단어에는 모두 악센트가 표시되어 있습니다. 악센트를 보고 정확히 발음할 수 있도록 연습합니다.

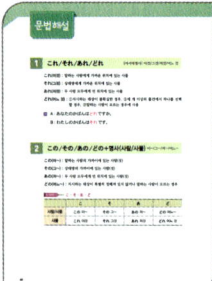

문법해설
회화의 중요 문법을 설명합니다. 자세한 설명과 예문이 실려 있습니다.

문형연습

문법해설에서 학습한 내용을 문제를 풀면서 다시 한 번 확인합니다.

회화연습

학습한 문형이 회화 속에서 실제로 어떻게 사용되는지를 학습합니다. 짧은 회화로 되어 있으므로 짝을 이뤄 반복해 연습하고, 책을 보지 않고도 말할 수 있도록 합니다.

응용연습

학습한 내용을 기초로 문형을 응용해 말해 보는 연습을 합니다. 실제로 일본어를 사용해 커뮤니케이션을 함으로써 일본어로 말하는데 익숙해질 수 있도록 연습합니다.

한자연습

학습 내용 중 중요 한자를 쓰면서 연습합니다.

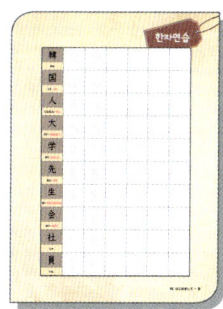

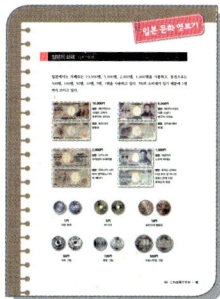

일본문화 엿보기

일본의 문화적인 배경 등을 알게 됨으로써 일본에 흥미를 가지고 일본어를 가깝게 느낄 수 있습니다.

차례

머리말 · 3
교재의 특징과 구성 · 4
교실에서 쓰는 말 · 11

01 문자와 발음 ·· 12
1 일본어의 문자 - 히라가나, 가타카나, 한자
2 일본어 발음 1 - 청음, 탁음, 반탁음
3 일본어 발음 2 - 요음, 촉음, 발음, 장음

02 はじめまして ·· 26
1 인칭대명사
2 ～は
3 ～は～です(でした)
4 ～さん
5 ～は～ですか
6 명사＋の＋명사
7 ～も
8 ～では ありません(ではありませんでした)
9 どうぞ

03 これは何ですか ·· 38
1 これ/それ/あれ/どれ
2 この/その/あの/どの＋명사(사람/사물)
3 ～は何ですか
4 가족 호칭
5 ～は～ですか、～ですか
6 ～はだれ(どなた)ですか

04 いま何時ですか ·· 50
1 ～時～分です
2 ～月～日です
3 ～から～まで
4 때를 나타내는 말

05 そのみかんはいくらですか …… 62

1 조수사
2 수사
3 고유수사
4 〜はいくらですか
5 〜と(나열)
6 〜をください
7 〜で(수량)

06 ATMのきかいはどこにありますか …… 74

1 지시대명사
2 위치 관계 표현
3 〜に〜があります
4 〜がいます
5 〜はありません(いません)
6 〜しか〜ません
7 〜だけ〜です(ます)
8 あまり〜ません
9 〜が

07 今日はあついですね …… 86

1 イ형용사
2 イ형용사+명사です
3 〜くて、〜です
4 〜くも〜くも ありません
5 〜はどうですか
6 명사+がほしい

08 私は秋が好きです ……………………………………………… 98

1. ナ형용사
2. ナ형용사+명사です
3. ナ형용사 어간+で
4. ～が好きです
5. どんな～が好きですか
6. ～と、どちら(どっち)が好きですか
7. ～から
8. 명사+の中で、～が一番好きですか

09 週末には何をしますか ……………………………………………… 110

1. 동사 분류
2. 동사의 ます형
3. ～に(시간, 동작, 행위가 미치는 범위)
4. ～へ(방향)
5. ～と(동작, 작용의 상대)
6. ～で(장소)
7. (동사의 ます형, 동작성 명사)に行きます

10 映画を見に行きませんか ……………………………………………… 122

1. 때에 관한 표현
2. 동사의 ます형+ませんか
3. 동사의 ます형+ましょう
4. 동사의 ます형+ましょうか
5. 동사의 ます형+たい
6. 동사의 ます형+ながら
7. ～か
8. 동사+の(형식명사)

11 どこに住んでいますか ……………………………………………… 132

1. 동사의 て형
2. ～ています
3. ～てから
4. ～てください

12 おふろに入ってもいいですか … 142
1 ～てもいいです
2 ～てはいけません
3 ～んです
4 ～てくださいませんか
5 ～くなる/になる

13 宿題をしたり、レポートを書いたりします … 152
1 동사의 た형
2 ～でも
3 ～たり～たりします
4 ～る前に・～た後で
5 ～ので

14 『Cats』は見たことがあるんですが … 162
1 まだ
2 ～くて
3 ～たことがある

15 今から日本に帰るところなんですよ … 172
1 ～ところ
2 동사+명사
3 ～まま
4 ～のに
5 동사의 て형+～

부록
본문 회화 해석 · 184
イ형용사・ナ형용사 활용표 · 188
동사 활용표 · 190

등장인물

박민지(朴ミンジ)
한국 대학교 1학년

김민호(金ミンホ)
한국 대학교 1학년.
박민지의 친구

기무라 유우키(木村ゆうき)
한국 대학교 2학년. 교환학생

사토 레이코(佐藤礼子)
지도 교수

교실에서 쓰는 말

教室用語
きょうしつようご

🎧 track 02

は「じめま」す。	시작하겠습니다.
お「わりましょ」う。	끝냅시다.
や「すみましょ」う。	쉽시다.
きょ「うか」しょを あ「けて ください。	교과서를 펴주세요.
きょ「うか」しょを と「じて ください。	교과서를 덮어 주세요.
よ「く き「いて ください。	잘 들어 주세요.
せ「んせ」いの あ」とに ついて は「な」して ください。	선생님을 따라 말해 주세요.
お「おきな こえで は「な」して ください。	큰 소리로 말해 주세요.
た」って ください。	일어서 주세요.
す「わって ください。	앉아 주세요.
こ「た」えて ください。	대답해 주세요.
か」いて ください。	써 주세요.
○○ページを み」て ください。	○○쪽을 봐 주세요.
わ「かりま」すか。	알겠습니까?
は」い、わ「かりま」す。	네, 알겠습니다.
い」いえ、わ「かりま」せん。	아니요, 모르겠습니다.
も「う いちど。	다시 한 번.
い」いです。	좋습니다.
だ「め」です。	안 됩니다.

01 문자와 발음

일본어의 문자

일본어는 히라가나(ひらがな)·가타카나(カタカナ)·한자(漢字)를 함께 사용하고 있다. 히라가나와 가타카나는 표음문자로 한 글자가 한 박(拍)자를 가지고 있다. 한자는 상용한자 2136자가 일상생활에서 한자 사용의 기준이 되고 있다.

히라가나 ひらがな

히라가나는 헤이안 시대(平安時代·794~1192)인 9세기 말에 한자를 보고 만든 글자이다. 주로 여성이 사용했다고 하나 현재는 일반적인 문장에서 모두 사용되고 있다.

가타카나 カタカナ

가타카나는 한자의 획을 보고 만든 글자로 불완전하다는 의미를 담고 있다. 처음에는 학문을 하는 남자들이 한자로 쓰여진 서적을 읽을 때 행간에 발음을 표기하기 위해 쓰는 문자였다. 발음은 히라가나와 같고 주로 외래어 표기나 의성어, 의태어, 동식물, 지명, 이름, 전보문, 어려운 한자 등에 쓰인다.

한자 漢字

일본에 처음 한자를 전해준 사람은 일본에 논어와 천자문을 전한 우리나라 백제의 왕인(王仁) 박사이다. 일본은 한국, 중국과 달리 한자의 약자(略字)를 사용하고 있으며, 읽는 방법으로는 한자의 음을 빌려 읽는 음독(音読)과 한자의 뜻을 빌려 읽는 훈독(訓読)이 있다.

1 音読 (おんどく・おんよみ)

韓国 (か「んこく) 한국   無理 (む「り) 무리
先生 (せ「んせ「い) 선생님   学生 (が「くせい) 학생

2 訓読 (くんどく・くんよみ)

国 (く「に) 나라   山 (や「ま「) 산
生 (な「ま) 생, 날것   無い (な「い) 없다

가나 오십음도

히라가나 ひらがな

단\행	あ행	か행	さ행	た행	な행
あ단	あ [a]	か [ka]	さ [sa]	た [ta]	な [na]
い단	い [i]	き [ki]	し [shi]	ち [chi]	に [ni]
う단	う [u]	く [ku]	す [su]	つ [tsu]	ぬ [nu]
え단	え [e]	け [ke]	せ [se]	て [te]	ね [ne]
お단	お [o]	こ [ko]	そ [so]	と [to]	の [no]

가타카나 カタカナ

단\행	ア행	カ행	サ행	タ행	ナ행
ア단	ア [a]	カ [ka]	サ [sa]	タ [ta]	ナ [na]
イ단	イ [i]	キ [ki]	シ [shi]	チ [chi]	ニ [ni]
ウ단	ウ [u]	ク [ku]	ス [su]	ツ [tsu]	ヌ [nu]
エ단	エ [e]	ケ [ke]	セ [se]	テ [te]	ネ [ne]
オ단	オ [o]	コ [ko]	ソ [so]	ト [to]	ノ [no]

は행	ま행	や행	ら행	わ행	
は [ha]	ま [ma]	や [ya]	ら [ra]	わ [wa]	
ひ [hi]	み [mi]		り [ri]		
ふ [hu]	む [mu]	ゆ [yu]	る [ru]		
へ [he]	め [me]		れ [re]		
ほ [ho]	も [mo]	よ [yo]	ろ [ro]	を [wo]	ん [N]

ハ행	マ행	ヤ행	ラ행	ワ행	
ハ [ha]	マ [ma]	ヤ [ya]	ラ [ra]	ワ [wa]	
ヒ [hi]	ミ [mi]		リ [ri]		
フ [hu]	ム [mu]	ユ [yu]	ル [ru]		
ヘ [he]	メ [me]		レ [re]		
ホ [ho]	モ [mo]	ヨ [yo]	ロ [ro]	ヲ [wo]	ン [N]

발음 1

1 청음 (清音) track 03

● 모음

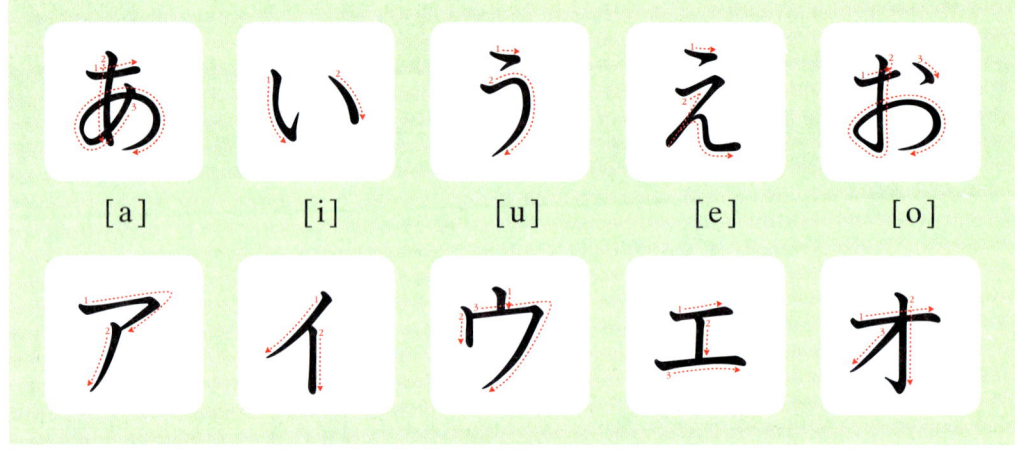

예) あい 사랑   いえ 집   うえ 위   え 그림   おい 남자 조카

● 자음

예) かお 얼굴   きく 국화   くき 줄기   け 털   こえ 목소리

01 문자와 발음

예 は「な」꽃   ひ「と」사람   ふ「ね」배   へ「そ」배꼽   ほ「し」별

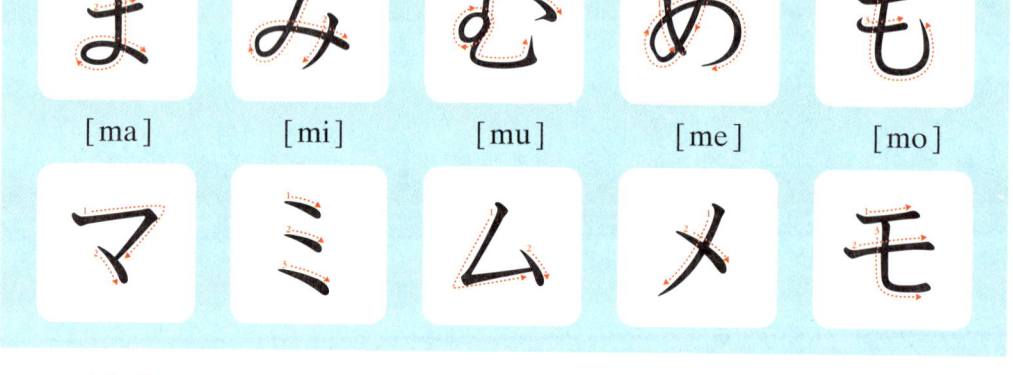

예 ま「め」콩   み「そ」된장   の「む」마시다   あ「め」비   も「も」복숭아

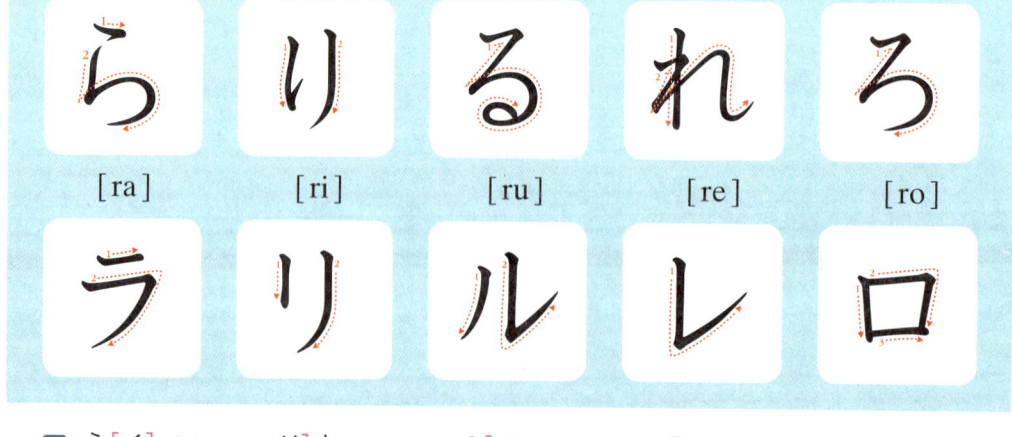

예 ら「く」편안함   り「す」다람쥐   さ「る」원숭이   れ「い」예   ろ「く」여섯

● 반모음

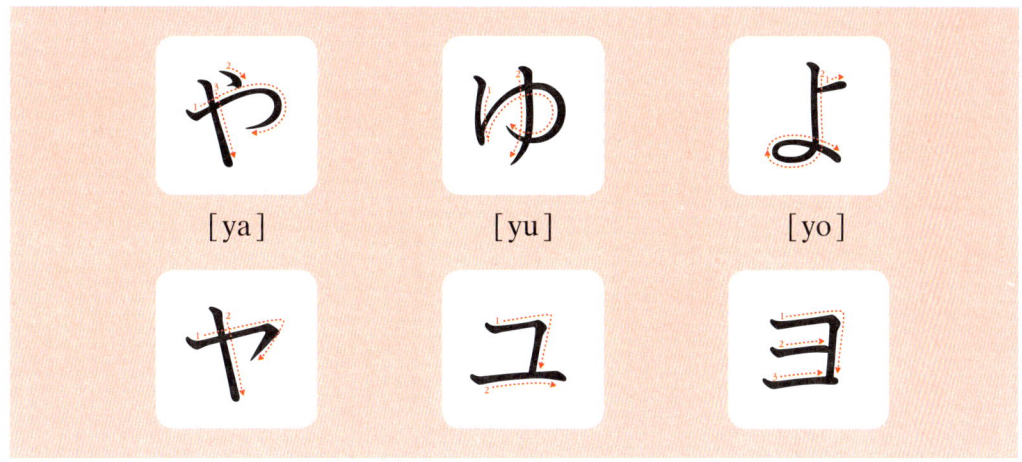

예 や「ま」산   ゆ「き」눈   よ「る 밤

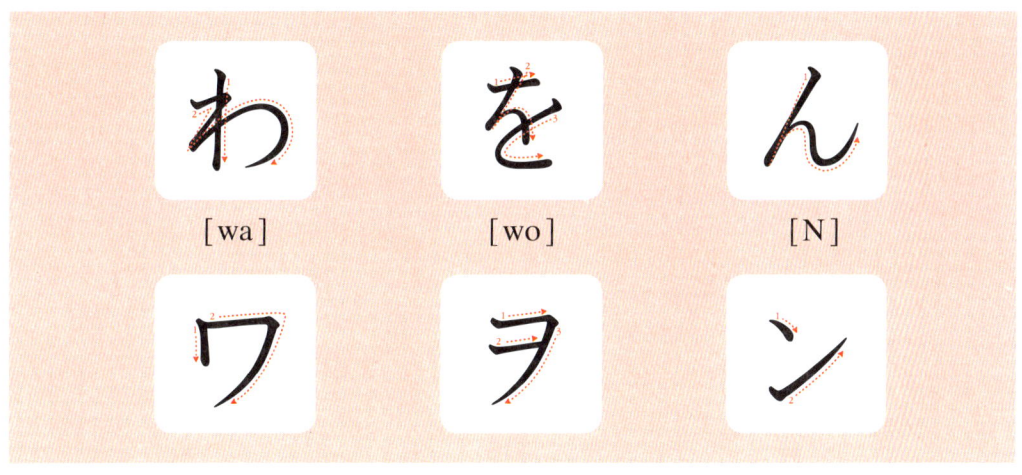

예 わ「たし 나   を ~을/를[조사]   か「ん 캔, 깡통

2 탁음 (濁音)　track 04

が [ga]	ぎ [gi]	ぐ [gu]	げ [ge]	ご [go]
ガ	ギ	グ	ゲ	ゴ

예) けが 상처　さぎ 사기　かぐ 가구　げた (일본)나막신　ごご 오후

ざ [za]	じ [ji]	ず [zu]	ぜ [ze]	ぞ [zo]
ザ	ジ	ズ	ゼ	ゾ

예) ざせき 좌석　じむ 사무　ちず 지도　かぜ 감기　かぞく 가족

だ [da]	ぢ [ji]	づ [zu]	で [de]	ど [do]
ダ	ヂ	ヅ	デ	ド

예) だれ 누구　はなぢ 코피　こづかい 용돈　そで 소매　まど 창문

ば [ba]	び [bi]	ぶ [bu]	べ [be]	ぼ [bo]
バ	ビ	ブ	ベ	ボ

예) ばか 바보　びわ 비파　ぶた 돼지　かべ 벽　ぼく 나(남자)

3 반탁음 (半濁音) はんだくおん　　track 05

| ぱ [pa] | ぴ [pi] | ぷ [pu] | ぺ [pe] | ぽ [po] |
| パ | ピ | プ | ペ | ポ |

예) パパ 아빠　　ぴかぴか 반짝반짝　　プロ 프로
ぺらぺら 술술, 말을 유창하게 하는 모습　　ポリス 경찰

인사말　　track 06

おはようございます(おはよう)。	안녕하세요(안녕). [아침 인사]
こんにちは。	안녕하세요. [낮 인사]
こんばんは。	안녕하세요. [저녁 인사]
さようなら。	안녕히 가세요. / 안녕히 계세요.
おやすみなさい(おやすみ)。	안녕히 주무세요(잘 자).
ありがとうございます(ありがとう)。	고맙습니다(고마워).
どういたしまして。	천만에요.
ごめんなさい(ごめん)。	미안합니다(미안해).
しつれいします。	실례합니다.
すみません。	미안합니다.
いただきます。	잘 먹겠습니다.
ごちそうさまでした。	잘 먹었습니다.

발음 2

1 요음 (拗音) 🎧 track 07

요음은 や, ゆ, よ를 작은 글자 ゃ, ゅ, ょ로 표기한다. 자음 い단 き, ぎ, し, じ, ち, に, ひ, び, ぴ, み, り의 오른쪽 아래에 붙여 하나의 소리로 발음한다.

| きゃ | きゅ | きょ | ぎゃ | ぎゅ | ぎょ |
| キャ | キュ | キョ | ギャ | ギュ | ギョ |

예 きゃく 손님　　やきゅう 야구　　きょう 오늘
　　ギャグ 개그　　わぎゅう 일본의 재래종 소　　ぎょうざ 만두

| しゃ | しゅ | しょ | じゃ | じゅ | じょ |
| シャ | シュ | ショ | ジャ | ジュ | ジョ |

예 かいしゃ 회사　　しゅみ 취미　　しょくじ 식사
　　じゃま 방해　　しんじゅ 진주　　じょゆう 여배우

| ちゃ | ちゅ | ちょ |
| チャ | チュ | チョ |

예 おちゃ 차　　ちゅうい 주의　　ぶちょう 부장

| にゃ | にゅ | にょ |
| ニャ | ニュ | ニョ |

예 こんにゃく 곤약　　ぎゅうにゅう 우유　　にょうぼう 아내

| ひゃ | ひゅ | ひょ | びゃ | びゅ | びょ | ぴゃ | ぴゅ | ぴょ |
| ヒャ | ヒュ | ヒョ | ビャ | ビュ | ビョ | ピャ | ピュ | ピョ |

- ひゃく 백, 100   ヒューズ (전기)퓨즈   ひょうげん 표현
  びゃくや 백야   インタビュー 인터뷰   びょういん 병원
  はっぴゃく 팔백, 800   ピュア(一) 청순함   ぴょんぴょん 깡총깡총

みゃ	みゅ	みょ
ミャ	ミュ	ミョ

- みゃく 맥   ミュージカル 뮤지컬   みょうじ 성(姓)

りゃ	りゅ	りょ
リャ	リュ	リョ

- りゃくじ 약자   りゅうがく 유학   りょうり 요리

2 촉음 (促音)

track 08

촉음은 つ, ツ를 작은 글자 っ, ッ로 표기한다. 우리말의 받침 역할을 하며, 바로 뒤에 오는 글자의 음에 따라 여러 가지로 발음되며, 한 박자를 가지고 있다.

1) か행 앞에서는 **k**로 발음한다.
   - がっこう 학교   はっきり 확실히   がっか 학과

2) さ행 앞에서는 **s**로 발음한다.
   - あっさり 산뜻하게   ざっし 잡지   けっせき 결석

3) た행 앞에서는 **t**로 발음한다.
   - おっと 남편   きって 우표   はったつ 발달

4) ぱ행 앞에서는 **p**로 발음한다.
   - いっぱい 가득   きっぷ 표   いっぽう 한편

3 발음 (撥音) 　　🔊 track 09

발음은「ん」으로 표기한다. 우리말의 받침과 비슷한 역할을 하고 한 박자를 가진다. 단어의 중간 또는 끝에 오며 콧소리를 내듯 발음한다. 뒤에 오는 글자에 따라 다음과 같이 발음된다.

1) [m]: ま행, ば행, ぱ행 앞에 올 때
   - 예) あんま 안마　　たんぼ 논　　さんぽ 산책　　かんぱい 건배

2) [n]: ざ행, た행, だ행, な행, ら행 앞에 올 때
   - 예) かんじ 한자　　はんたい 반대　　げんだい 현대　　あんない 안내
     けんり 권리

3) [ŋ]: か행, が행 앞에 올 때
   - 예) かんこく 한국　　さんがい 3층　　てんき 날씨

4) [N]: [ŋ]과 [n]의 사이 소리로 さ행, 모음(あ, い, う, え, お), 반모음(や, ゆ, よ, わ) 앞이나 단어의 끝에 올 때
   - 예) あんしん 안심　　れんあい 연애　　でんわ 전화　　にほん 일본

4 장음 (長音) 　　🔊 track 10

일본어에서는 음의 장단(長短)에 따라 의미가 달라지며, 같은 단이 겹치면서 긴소리를 낸다. 가타카나에서는「ー」로 표기한다.

1) あ단 뒤에 あ가 올 때
   - 예) おばあさん 할머니　　おかあさん 어머니

2) い단 뒤에 い가 올 때
   - 예) おじいさん 할아버지　　おにいさん 오빠, 형

3) う단 뒤에 う가 올 때
   - 예) すうじ 숫자　　ゆうき 용기

4) え단 뒤에 い나 え가 올 때
   예) せんせい 선생님   おねえさん 언니, 누나

5) お단 뒤에 う나 お가 올 때
   예) おとうさん 아버지   おおい 많다

숫자읽기

일본어에도 한국어처럼 숫자를 읽을 때 두 종류의 읽는 방법이 있습니다.
모두 다 함께 다음 숫자를 읽어 봅시다.

🎧 track 11

0	1	2	3	4	5
ゼロ / れい	いち	に	さん	よん / し	ご

6	7	8	9	10
ろく	しち / なな	はち	きゅう / く	じゅう

[발음 연습] 다음 숫자를 일본어로 말해 봅시다.

❶ 教室番号(きょうしつばんごう)　(1) 430号室(ごうしつ)　(2) 501号室(ごうしつ)

❷ 電話番号(でんわばんごう)　(1) 02-999-1234　(2) 010-0479-4594

☆ 전화번호를 말할 때 「－」는 히라가나 「の」로 발음한다.

02

はじめまして 🔘 track 12

한국 대학교 2학년에 교환 유학생으로 와 있는 기무라와 1학년인 박민지가 학교에서 처음 만나 자기소개를 하고 있다.

朴 (パク)	はじめまして、わたしは朴・ミンジです。
木村 (き むら)	はじめまして、わたしは木村です。
朴	木村さんは学生ですか。
木村	はい、学生です。韓国大学の2年生です。 朴さんも2年生ですか。
朴	いいえ、わたしは2年生ではありません。 1年生です。
木村	そうですか。どうぞよろしくおねがいします。
朴	こちらこそ、どうぞよろしくおねがいします。

> 새로운 단어

は「じめま」して 처음 뵙겠습니다　わ「たし 나　～は ~은/는　木村(き「むら) 기무라(일본인의 성)
～です ~입니다　～さん ~씨　学生(が「くせい) 학생　～か ~까?(의문종조사)　は「い 네
韓国大学(か「んこくだ」いがく) 한국 대학교　～の ~의　2年生(に「ねんせい) 2학년　～も ~도
い「いえ 아니요　1年生(い「ちね」んせい) 1학년　そ「うですか 그렇습니까?, 그렇군요
ど「うぞ 부디, 아무쪼록　よ「ろしく 잘　お「ねがいしま」す 부탁합니다
こ「ちらこ」そ 이쪽이야말로, 저야말로

문법해설

1 인칭대명사   사람의 이름을 대신 가리키는 말

1인칭	わたし(私) 저, 나 ぼく 내(남자들이 허물없이 쓰는 말)
2인칭	あなた 당신 きみ 자네, 너
3인칭	かれ(彼) 그, 그이 かのじょ(彼女) 그녀 あのひと 저 사람 あのかた 저 분
부정칭	だれ(誰) 누구 どなた 어느 분

주의 あなた, きみ는 직접 상대에게 쓸 때 실례가 될 수도 있다. 보통은 이름에 さん을 붙여 부른다.

2 ～は   ~은/는

～は는 '~은/는'을 뜻하는 주격조사로서 명사 뒤에 접속한다. 조사 ～は는 [wa]로 발음한다.

예 わたしは / あなたは

3 ～は～です   ~은/는 ~입니다

～は～です는 '~은/는 ~입니다'라는 의미로 일본어에서 가장 기본적인 문형이다. ～です는 명사 다음에 붙어서 '~입니다'라는 뜻을 나타내며, ～です 앞에는 명사 외에 イ형용사, ナ형용사 등이 오기도 한다. 과거형은 ～でした(~였습니다)이다.

예 わたしは木村です。

      わたしは学生です。

4　～さん　　　　　　　　　　　　　　　　　　　　　　　　～씨

손윗사람, 손아랫사람 구분없이 타인의 성명 뒤에 ～さん을 붙여 존경을 나타낸다.
> 주의 ～さん은 자기 이름, 또는 先生와 같이 말 자체에 존경이 들어 있는 단어에는 붙이지 않는다.
> → せんせいさん(×)

예　すずきさん / 朴さん / ミンジさん

5　～は～ですか　　　　　　　　　　　　　　　　　　　～은/는 ～입니까?

일본어에서의 의문문은 문말에 か를 붙인다. 하지만 우리말과 달리 일반적으로 의문부호 '?'를 붙이지 않으며 마침표인 「。」로 끝난다.

예　A : 木村さんは学生ですか。
　　B : はい、学生です。/ いいえ、学生ではありません。

　　A : 先生(せんせい)は韓国のかたですか。
　　B : はい、韓国人(かんこくじん)です。/ いいえ、韓国人ではありません。日本人(にほんじん)です。

6　명사 + の + 명사　　　　　　　　　　　　　　　　　　　～의

～の는 우리말의 '～의'에 해당되는 조사로 명사와 명사 사이에 온다. 또한 ～の는 소유, 소속, 출처, 내용, 동격 등 다양한 의미 관계를 나타내기도 한다. 우리말과 달리 일본어에서의 ～の는 생략하지 않는다.

예　韓国大学の２年生です。
　　わたしのしゅみはりょうりです。

7　～も　　　　　　　　　　　　　　　　　　　　　　[부조사] ～도

～も는 우리말의 '～도'에 해당하는 조사이다. 명사 뒤에 붙어 그 명사도 같은 부류임을 나타낸다.

예　A : 朴さんも２年生ですか。
　　B : はい、わたしも２年生です。

8 〜ではありません　　　　　　　　　　　　　　　〜이/가 아닙니다

〜ではありません은 〜です의 부정형으로 '〜이/가 아닙니다'라는 뜻을 나타낸다. 회화체에서는 줄여서 〜じゃないです로 쓸 수도 있다. 과거형은 〜ではありませんでした (〜이/가 아니었습니다)이다.

- 예) わたしは１年生ではありません。

    木村さんは先生ではありません。学生です。

꼭 외워두기

	긍정형	부정형
현재	〜です　〜입니다	〜では ありません　〜이/가 아닙니다
과거	〜でした　〜이었습니다	〜では ありませんでした　〜이/가 아니었습니다

9 どうぞ　　　　　　　　　　　　　　　　　　　부디, 아무쪼록

부탁이나 희망을 나타내는 말로 '부디, 아무쪼록, 제발'의 의미이다. 상대에게 무엇인가를 권하거나 허락할 때도 쓴다.

- 예) どうぞよろしくおねがいします。

    はい、どうぞ。

새로운 단어

あなた 당신　　先生(せんせい) 선생님　　かた 분(人(ひと)보다 높임말)
韓国人(かんこくじん) 한국인　　日本人(にほんじん) 일본인　　しゅみ 취미　　りょうり 요리

일본 문화 엿보기

일본은? 日本とは？

日本이라는 이름은 7세기경 고대 국가 성립에 많은 영향을 끼쳤던「聖徳太子」가 중국에 보낸 국서에「日出処(태양이 뜨는 나라)」라고 표현한 것에서 유래되었으며,「にほん」또는「にっぽん」이라고 읽는다.

일본은 크게 홋카이도(北海道), 혼슈(本州), 시코쿠(四国), 규슈(九州) 등 4개의 섬과 6,800여 개의 작은 섬으로 이루어져 있다. 남북의 길이는 약 3,294km이고, 면적은 한반도의 약 1.7배이다. 국토의 약 70% 이상이 산지이며, 3,000m가 넘는 산도 20여 개가 있다. 강은 짧고 급류가 많다.

인구는 2012년 7월 통계로 약 1억 2,665만 명이다.

행정구역은 ４７都道府県으로, １都(東京都), １道(北海道), ２府(大阪府, 京都府), ４３県(千葉県, 神奈川県, 福岡県 등)으로 구성되어 있다.

문형연습

I 다음 문형을 예문과 같이 완성해 봅시다.

1 ～は～です

> 예　わたし・佐藤　➡　わたし<u>は</u>佐藤<u>です</u>。

① わたし・○○○(自分の名前) ➡ _____

② わたし・大学生 ➡ _____

③ わたし・１年生 ➡ _____

④ 山田さん・会社員 ➡ _____

⑤ 佐藤さん・医者 ➡ _____

2 ～は～ですか

> 예　朴さん・学生　➡　朴さん<u>は</u>学生<u>ですか</u>。

① 金さん・大学生 ➡ _____

② 山田さん・日本のかた ➡ _____

③ 韓さん・３年生 ➡ _____

④ 尹さん・銀行員 ➡ _____

⑤ 佐藤さん・先生 ➡ _____

3 ～も～ですか

> **예** 李さん・学生 ➡ 李さんも学生ですか。

❶ 木村さん・大学生 ➡ ＿＿＿＿＿＿＿＿＿＿＿＿＿＿＿＿

❷ リさん・中国のかた ➡ ＿＿＿＿＿＿＿＿＿＿＿＿＿＿＿＿

❸ 韓さん・3年生 ➡ ＿＿＿＿＿＿＿＿＿＿＿＿＿＿＿＿

❹ 金さん・銀行員 ➡ ＿＿＿＿＿＿＿＿＿＿＿＿＿＿＿＿

❺ 佐藤さん・先生 ➡ ＿＿＿＿＿＿＿＿＿＿＿＿＿＿＿＿

II 다음 일본어를 한국어로, 한국어를 일본어로 고쳐 봅시다.

❶ はじめまして、朴です。
➡ ＿＿＿＿＿＿＿＿＿＿＿＿＿＿＿＿＿＿＿＿＿＿

❷ 木村さんは学生ですか。
➡ ＿＿＿＿＿＿＿＿＿＿＿＿＿＿＿＿＿＿＿＿＿＿

❸ 저야말로 아무쪼록 잘 부탁합니다.
➡ ＿＿＿＿＿＿＿＿＿＿＿＿＿＿＿＿＿＿＿＿＿＿

❹ 저는 대학교 1학년입니다.
➡ ＿＿＿＿＿＿＿＿＿＿＿＿＿＿＿＿＿＿＿＿＿＿

새로운 단어

佐藤(さ￢とう) 사토(일본인의 성)　　自分(じ￢ぶん) 자기, 자신　　名前(な￢まえ) 이름
大学生(だ￢いがく￢せい) 대학생　　山田(や￢まだ) 야마다(일본인의 성)　　日本(に￢ほ￢ん) 일본
会社員(か￢いしゃ￢いん) 회사원　　医者(い￢しゃ) 의사　　3年生(さ￢んね￢んせい) 3학년
銀行員(ぎ￢んこ￢ういん) 은행원　　中国(ちゅ￢うごく) 중국

회화연습

🔘 track 13

1 그림을 보고 예문과 같이 말해 봅시다.

예
A ジョンさんはアメリカ人(じん)ですか。
B はい、ジョンさんはアメリカ人です。
A じゃ、メアリーさんもアメリカ人ですか。
B いいえ、アメリカ人ではありません。
    イギリス人です。

ジョン・アメリカ

メアリー・イギリス

❶

ワン・中国

田中・日本

❷

金(キム)・韓国

モナ・ドイチ

❸

マリア・カナダ

マルコ・イタリア

❹

アン・フランス

アリ・タイ

2 그림을 보고 예문과 같이 말해 봅시다.

> 예
> 1. A 李さんは大学生ですか。
>   B はい、大学生です。
>
> 2. A 金さんは大学生ですか。
>   B いいえ、大学生ではありません。
>   会社員です。

李さん・大学生
李(大学生)

金さん・大学生
金(会社員)

❶ 山田さん・先生

山田(会社員)

❷ 佐藤さん・大学生

佐藤(先生)

❸ 尹さん・先生

尹(医者)

❹ 崔さん・医者

崔(医者)

❺ ボアさん・かしゅ

ボア(かしゅ)

❻ マリアさん・銀行銀

マリア(銀行員)

새로운 단어

アメリカ 미국　　じゃ 그럼(では보다 스스럼 없는 표현)　　イギリス 영국
田中(た なか) 다나카(일본인의 성)　　ドイツ 독일　　カナダ 캐나다　　イタリア 이탈리아
フランス 프랑스　　タイ 태국　　かしゅ 가수

응용연습

● 자기소개 카드를 만들어 발표해 봅시다.

わたしの じこしょうかい

なまえ：
がっこう：
せんこう：
がくねん：
しゅみ：

　　　　　さんは、

_____
_____
_____
_____

　　　　　さんは、

_____
_____
_____
_____

새로운 단어

じこしょうかい 자기소개　　がっこう 학교　　せんこう 전공　　がくねん 학년

한자연습

韓 かん					
国 こく・くに					
人 じん/にん・ひと					
大 だい・おお(きい)					
学 がく・まな(ぶ)					
先 せん・さき					
生 せい・なま/うま(れる)					
会 かい・あ(う)					
社 しゃ					
員 いん					

02 はじめまして

03

これは何ですか

track 14

박민지가 가족사진을 보면서 기무라에게 가족 소개를 하고 있다.

木村　　これは何ですか。

朴　　　わたしの家族の写真です。

木村　　この人はおねえさんですか、いもうとさんですか。

朴　　　わたしのいもうとです。

木村　　この人はだれですか。

朴　　　わたしの父です。

木村　　じゃ、このかたはどなたですか。

朴　　　祖父です。

새로운 단어

これ 이것　何(なん) 무엇　家族(かぞく) 가족　写真(しゃしん) 사진
この人(このひと) 이 사람　おねえさん 언니, 누나　いもうとさん (상대방의) 여동생
いもうと (본인의) 여동생　だれ 누구　父(ちち) (본인의) 아버지　このかた 이 분
どなた 어느 분　祖父(そふ) (본인의) 할아버지

문법해설

1 これ/それ/あれ/どれ　　[지시대명사] 이것/그것/저것/어느 것

これ(이것) : 말하는 사람에게 가까운 위치에 있는 사물

それ(그것) : 상대방에게 가까운 위치에 있는 사물

あれ(저것) : 두 사람 모두에게 먼 위치에 있는 사물

どれ(어느 것) : ①지시하는 대상이 불확실한 경우, ②세 개 이상의 물건에서 하나를 선택할 경우, ③말하는 사람이 모르는 경우에 사용

예 A : あなたのかばんはどれですか。
　　B : わたしのかばんはそれです。

2 この/その/あの/どの＋명사(사람/사물) 이~/그~/저~/어느~

この(이~) : 말하는 사람의 가까이에 있는 사람(것)

その(그~) : 상대방의 가까이에 있는 사람(것)

あの(저~) : 두 사람 모두에게 먼 위치에 있는 사람(것)

どの(어느~) : 지시하는 대상이 특별히 정해져 있지 않거나 말하는 사람이 모르는 경우

꼭 외워두기 --- こ・そ・あ・ど

	こ	そ	あ	ど
사람/사물	この 이~	その 그~	あの 저~	どの 어느~
사물	これ 이것	それ 그것	あれ 저것	どれ 어느 것

3 〜は何ですか
~은/는 무엇입니까?

〜は何ですか는 대상이 되는 사물이 무엇인지를 물을 때 사용하는 표현이다. 何는 '무엇'이라는 의미의 의문사로 뒤에 접속되는 명사나 조사에 따라 なに 또는 なん으로 읽는다.

예) A : これは何ですか。
B : それは日本のざっしです。

A : あれは何ですか。
B : あれは郵便局(ゆうびんきょく)です。

4 가족 호칭

일본에서는 자신의 가족을 타인에게 말할 때는 낮추어서 말하고, 타인의 가족을 말할 때는 높여서 말한다.

	나의 가족 (わたしの〜)	상대방의 가족 (あなたの〜)
할아버지	そ￬ふ (祖父)	お￩じ￬いさん
할머니	そ￬ぼ (祖母)	お￩ば￬あさん
아버지	ち￬ち (父)	お￩と￬うさん
어머니	は￬は (母)	お￩か￬あさん
오빠, 형	あ￬に (兄)	お￩に￬いさん
언니, 누나	あ￩ね (姉)	お￩ね￬えさん
남동생	お￩とうと￬ (弟)	お￩とうとさん
여동생	い￩もうと￬ (妹)	い￩もうとさん
아저씨, 삼촌	お￩じ	お￩じさん
아주머니, 이모	お￩ば	お￩ばさん
부모(양친)	りょ￬うしん (両親)	ご￩りょ￬うしん
형제	きょ￬うだい (兄弟)	ご￩きょ￬うだい

5 〜は〜ですか、〜ですか　　　　　　〜은/는 ~입니까, ~입니까?

〜は〜ですか、〜ですかは 두 개 이상의 선택 사항을 제시한 후 옳다고 판단되는 쪽을 선택하게 하는 선택의문문이다. 이 때 대답은 はい(예), いいえ(아니요)로 하는 것이 아니라 어느 한쪽을 선택해서 대답해야 한다.

예　A：この人はおねえさんですか、いもうとですか。
　　B：いもうとです。

　　A：これはお茶ですか、コーヒーですか。
　　B：お茶です。

6 〜はだれ(どなた)ですか　　　　　　〜은/는 누구(어느 분)입니까?

だれ(どなた)는 '누구(어느 분)'라는 의미로, 알지 못하는 사람을 가리킬 때 사용한다. だれ의 공손한 표현이 どなた이다.

예　A：この人はだれですか。
　　B：この人は山田さんです。

　　A：あのかたはどなたですか。
　　B：あのかたは佐藤先生です。日本語の先生です。

새로운 단어

ざっし 잡지　　郵便局(ゆうびんきょく) 우체국　　かばん 가방　　お茶(おちゃ) (녹)차
コーヒー 커피　　日本語(にほんご) 일본어

일본 문화 엿보기

일본의 화폐 日本の貨幣

일본에서는 지폐로는 10,000엔, 5,000엔, 2,000엔, 1,000엔을 사용하고, 동전으로는 500엔, 100엔, 50엔, 10엔, 5엔, 1엔을 사용하고 있다. 5%의 소비세가 있기 때문에 1엔까지 쓰이고 있다.

10,000円
앞면: 메이지유신 시대의 교육자 후쿠자와 유키치
뒷면: 보도인의 봉황상

5,000円
앞면: 메이지시대의 여류 소설가 히구치 이치요
뒷면: 연자화(제비붓꽃)

2,000円
앞면: 오키나와 수리성의 슈레이문
뒷면: 무라사키 시키부의 겐지모노가타리 에마키

1,000円
앞면: 세균학자 노구치 히데요
뒷면: 후지산 근처의 다섯 호수 중 하나인 모토스코에 비친 후지산과 벚꽃

1円
어린 묘목

5円
벼 이삭

10円
뵤도인의 봉황당

50円
국화 그림

100円
벚꽃 그림

500円
오동나무잎 그림

문형연습

I 다음 문형을 예문과 같이 완성해 봅시다.

1 ～は何ですか / ～はだれ(どなた)ですか

> 예 これ・何 ➡ これは何ですか。
> 　　その人・だれ ➡ その人はだれですか。

❶ それ・何 ➡ _____

❷ あれ・何 ➡ _____

❸ あの人・だれ ➡ _____

❹ この人・だれ ➡ _____

❺ そのかた・どなた ➡ _____

2 ～は～ですか、～ですか

> 예 これ・お茶・コーヒー
> 　　➡ これはお茶ですか、コーヒーですか。

❶ それ・教科書・辞書 ➡ _____

❷ あれ・図書館・美術館 ➡ _____

❸ これ・ボールペン・万年筆 ➡ _____

❹ あの人・先生・学生 ➡ _____

❺ あのかた・韓国人・日本人 ➡ _____

3 わたしの～です

> 예 いもうと ➡ わたしの<u>いもうと</u>です。

❶ ちち ➡ _____

❷ はは ➡ _____

❸ あに ➡ _____

❹ あね ➡ _____

❺ おとうと ➡ _____

II 다음 일본어를 한국어로, 한국어를 일본어로 고쳐 봅시다.

❶ それは教科書ですか、辞書ですか。
   ➡ _____

❷ あのかばんはだれのかばんですか。
   ➡ _____

❸ 저 사람은 누구입니까?
   ➡ _____

❹ 이 분은 일본어 선생님입니다.
   ➡ _____

새로운 단어

教科書(きょうかしょ) 교과서　　**辞書**(じしょ) 사전　　**図書館**(としょかん) 도서관
美術館(びじゅつかん) 미술관　　**ボールペン** 볼펜　　**万年筆**(まんねんひつ) 만년필
はは (본인의) 어머니　　**あに** (본인의) 형, 오빠　　**あね** (본인의) 언니, 누나
おとうと (본인의) 남동생

회화연습

🔘 track 15

1 그림을 보고 예문과 같이 말해 봅시다.

예　A　これは何ですか。
　　B　家族の写真です。

家族の写真

❶ ともだちの手紙

❷ 日本語の教科書

❸ 英語の辞書

❹ 日本語の宿題

❺ わたしのけいたいでんわ

❻ 日本の雑誌

2 그림을 보고 예문과 같이 말해 봅시다.

예
A これはだれの教科書ですか。
B 朴さんの教科書です。

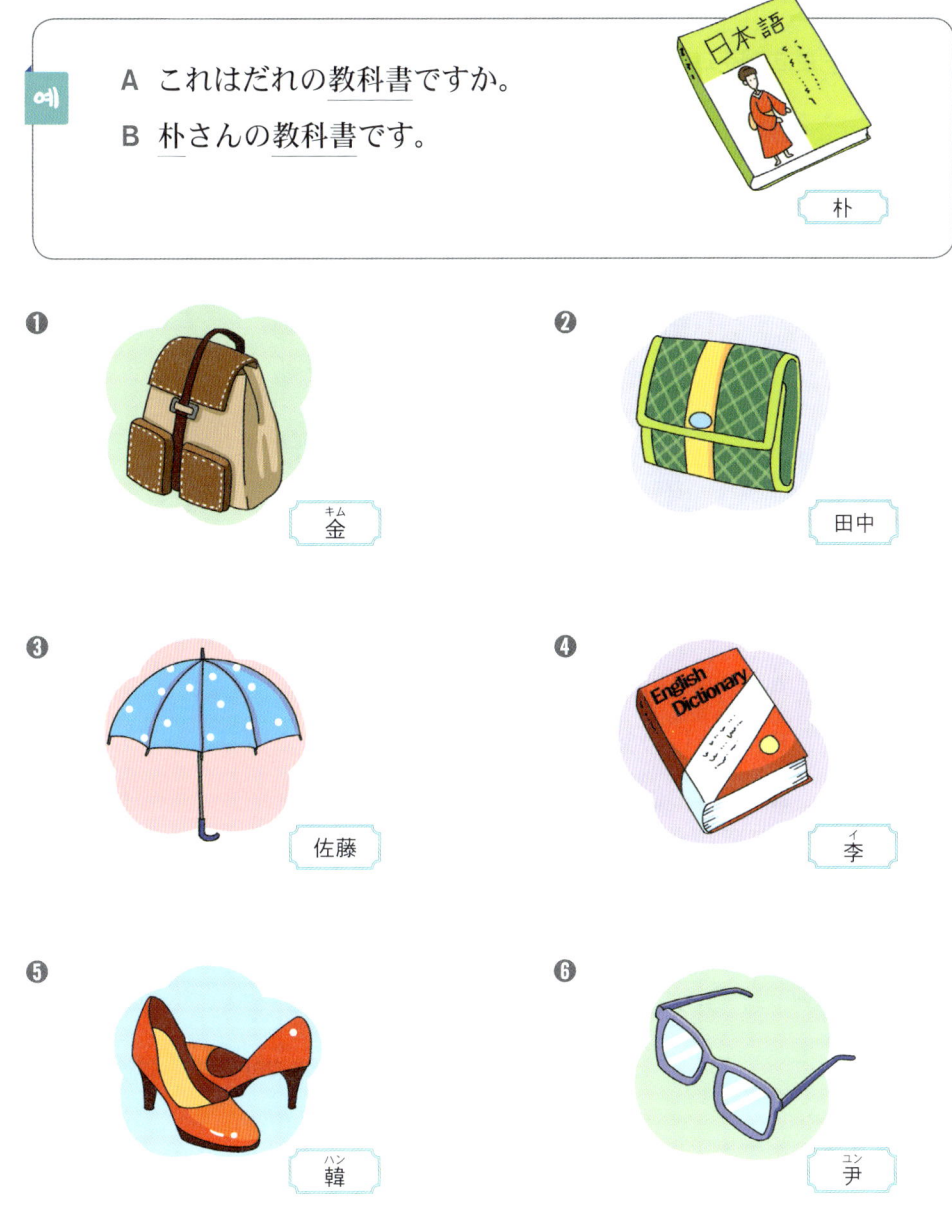

① 金
② 田中
③ 佐藤
④ 李
⑤ 韓
⑥ 尹

새로운 단어

ともだち 친구　　手紙(てがみ) 편지　　英語(えいご) 영어　　宿題(しゅくだい) 숙제
けいたいでんわ 휴대 전화　　さいふ 지갑　　かさ 우산　　くつ 구두, 신발
めがね 안경

응용연습

track 16

● 그림을 보고 예문과 같이 말해 봅시다.

예
A　この人はだれですか。
B　わたしの父です。
A　じゃ、この人はだれですか。
B　わたしのおとうとです。

각자 가족 사진을 가지고 와서 예문과 같이 말해 봅시다.

한자연습

家 か・や/いえ						
族 ぞく						
写 しゃ・うつ(す)						
真 しん・ま						
父 ふ・ちち						
母 ぼ・はは						
兄 けい/きょう・あに						
姉 し・あね						
辞 じ						
書 しょ・か(く)						

04

いま<ruby>何<rt>なん</rt></ruby><ruby>時<rt>じ</rt></ruby>ですか

🔊 track 17

사토 교수 연구실에서 사토 교수, 기무라, 박민지가 이야기하고 있다.

朴	あ、木村さん、いま何時ですか。
木村	いまですか。いま6時10分前です。
朴	6時半から12時までアルバイトです。
佐藤	いつまでですか。
朴	5月1日から5日までです。
佐藤	それはたいへんですね。
朴	じゃ、きょうはこれでしつれいします。
佐藤	またこんど。さようなら。

새로운 단어

いま 지금　　何時(なんじ) 몇 시　　～時(じ) ~시　　～分(ふん) ~분　　前(まえ) 전
半(はん) 반, 30분　　～から～まで ~에서/부터 ~까지　　アルバイト 아르바이트
いつ 언제　　～月(がつ) ~월　　1日(ついたち) 1일　　5日(いつか) 5일
たいへんですね 힘들겠군요　　きょう 오늘　　これで 이만, 이것으로
しつれいします 실례합니다　　また 또, 재차　　こんど 이번, 다음 번
さようなら 안녕히 계십시오(가십시오), 안녕

문법해설

1 〜時〜分です　　　　　　　　　　　　　　　〜시 〜분입니다

● 時 (시)

1時	2時	3時	4時	5時
いちじ	にじ	さんじ	よじ	ごじ
6時	7時	8時	9時	10時
ろくじ	しちじ	はちじ	くじ	じゅうじ
11時	12時	何時		
じゅういちじ	じゅうにじ	なんじ		

● 分 (분)

1分	2分	3分	4分	5分
いっぷん	にふん	さんぷん	よんぷん	ごふん
6分	7分	8分	9分	10分
ろっぷん	ななふん (しちふん)	はっぷん (はちふん)	きゅうふん	じゅっぷん (じっぷん)
20分	30分	40分	50分	何分
にじゅっぷん にじっぷん	さんじゅっぷん さんじっぷん	よんじゅっぷん よんじっぷん	ごじゅっぷん ごじっぷん	なんぷん

2 〜月〜日です　　　〜월 〜일입니다

● 月 (월)

1月	2月	3月	4月	5月
い「ちがつ」	に「がつ」	さんがつ	し「がつ」	ごがつ
6月	7月	8月	9月	10月
ろ「くがつ」	し「ちがつ」	は「ちがつ」	く「がつ」	じゅ「うがつ」
11月	12月	何月		
じゅ「ういちがつ」	じゅ「うにがつ」	な「んがつ」		

● 曜日・日 (요일・일)

日曜日 (に「ちよ」うび)	月曜日 (げ「つよ」うび)	火曜日 (か「よ」うび)	水曜日 (す「いよ」うび)	木曜日 (も「くよ」うび)	金曜日 (き「んよ」うび)	土曜日 (ど「よ」うび)
						1日 つ「いたち」
2日 ふ「つか」	3日 み「っか」	4日 よ「っか」	5日 い「つか」	6日 む「いか」	7日 な「のか」	8日 よ「うか」
9日 こ「このか」	10日 と「おか」	11日 じゅ「ういちにち」	12日 じゅ「うににち」	13日 じゅ「うさんにち」	14日 じゅ「うよ」っか	15日 じゅ「うご」にち
16日 じゅ「うろくにち」	17日 じゅ「うしちにち」	18日 じゅ「うはちにち」	19日 じゅ「うく」にち	20日 は「つか」	21日 にじゅういちにち	22日 にじゅうににち
23日 に「じゅうさ」んにち	24日 に「じゅうよ」っか	25日 にじゅうごにち	26日 にじゅうろくにち	27日 にじゅうしちにち	28日 にじゅうはちにち	29日 に「じゅうく」にち
30日 さ「んじゅう」にち	31日 さ「んじゅういちにち」					

- 시간과 관계되는 단어

時間(じ「かん) 시간   午前(ご「ぜん) 오전   午後(ご「ご) 오후
あ「さ 아침   ひ「る 점심   よ「る 저녁   ゆ「うがた 저녁 무렵, 해질녘   ば「ん 밤
～す「ぎ ①때(시간)가 지나감 ②정도가 지나침을 나타냄

3 ～から～まで
～부터 ~까지(시간·장소)

～から는 '～부터/～에서'의 의미로 시간과 장소 등의 출발점과 시작을 나타내며, ～まで는 시간, 장소 등의 종착점과 마감을 나타내며 우리말의 '～까지'에 해당한다. ～から～まで는 시간이나 장소, 범위 등에 모두 쓸 수 있다.

예 5月1日から5日までです。
　　じゅぎょう
　　授業は9時から5時までです。
　　とうきょう　　　おおさか
　　東京から大阪まで2時間50分です。

4 때를 나타내는 말

어제	오늘	내일
き「の「う(昨日)	きょ「う(今日)	あ「した(明日)
지난주	이번 주	다음 주
せ「んしゅう(先週)	こ「んしゅう(今週)	ら「いしゅう(来週)
매일	매주	
ま「いにち(毎日)	ま「いしゅう(毎週)	

새로운 단어

授業(じゅ「ぎょう) 수업   東京(と「うきょう) 도쿄(지명)   大阪(お「おさか) 오사카(지명)

일본 문화 엿보기

일본의 국경일 日本の祝日

元日(がんじつ)	새해의 첫날	1월 1일
成人の日(せいじん ひ)	성인의 날	1월 둘째 주 월요일
建国記念日(けんこく き ねん び)	건국기념일	2월 11일
春分の日(しゅんぶん ひ)	춘분의 날	3월 21일경
昭和の日(しょうわ ひ)	쇼와의 날	4월 29일
憲法記念日(けんぽう き ねん び)	헌법기념일	5월 3일
みどりの日(ひ)	신록의 날	5월 4일
こどもの日(ひ)	어린이 날	5월 5일
海の日(うみ ひ)	바다의 날	7월 셋째 주 월요일
敬老の日(けいろう ひ)	경로의 날	9월 셋째 주 월요일
秋分の日(しゅうぶん ひ)	추분의 날	9월 23일경
体育の日(たいいく ひ)	체육의 날	10월 둘째 주 월요일
文化の日(ぶんか ひ)	문화의 날	11월 3일
勤労感謝の日(きんろうかんしゃ ひ)	근로 감사의 날	11월 23일
天皇誕生日(てんのうたんじょう び)	일왕의 생일(현 아키히토 일왕)	12월 23일

문형연습

I 다음 문형을 예문과 같이 히라가나로 완성해 봅시다.

1 ～時です

> 예　2時　➡　午前<u>にじ</u>です。午後<u>にじ</u>です。

❶ 3時　➡　_____

❷ 4時　➡　_____

❸ 6時　➡　_____

❹ 7時　➡　_____

❺ 9時　➡　_____

2 ～は～から～までです

> 예　銀行(ぎんこう)・午前9時・午後4時
> ➡　<u>ぎんこう</u>は<u>ごぜんくじ</u>から<u>ごごよじ</u>までです。

❶ 郵便局・午前9時・午後6時　➡　_____

❷ 図書館・午前8時・午後8時　➡　_____

❸ コンサート・午後7時・9時　➡　_____

❹ 授業・午後1時・3時　➡　_____

❺ しごと・午前8時30分・午後5時　➡　_____

3 ～月～日

> 예 5月5日 ➡ ごがつ いつか

❶ 1月1日 ➡ _____

❷ 4月4日 ➡ _____

❸ 7月12日 ➡ _____

❹ 9月14日 ➡ _____

❺ 12月20日 ➡ _____

II 다음 일본어를 한국어로, 한국어를 일본어로 고쳐 봅시다.

❶ 図書館は午前9時から午後8時までです。
   ➡ _____

❷ きょうはこれでしつれいします。
   ➡ _____

❸ 수업은 몇 시부터입니까?
   ➡ _____

❹ 지금 몇 시입니까?
   ➡ _____

새로운 단어

銀行(ぎんこう) 은행   午前(ごぜん) 오전   午後(ごご) 오후   コンサート 콘서트
しごと 일, 직업

회화연습 track 18

1 그림을 보고 예문과 같이 말해 봅시다.

> 예 A ニューヨークは、いま何時ですか。
>   B 午前5時です。
>
>
> ニューヨーク

❶
ペキン

❷
パリ

❸
ロンドン

❹
モスクワ

❺
ハワイ

❻
東京

2 그림을 보고 예문과 같이 말해 봅시다.

예
A 学校は何時から何時までですか。
B 午前8時半から午後5時までです。

午前8時半・午後5時

❶
午前9時半・午後4時

❷
午前10時・午後8時

❸
午後2時・午後3時30分

❹
午前11時・午後9時

❺
午前9時・午後10時

❻
午前7時・午後9時

새로운 단어

ニューヨーク 뉴욕　　ペキン 베이징　　パリ 파리　　ロンドン 런던　　モスクワ 모스크바
ハワイ 하와이　　デパート 백화점　　映画(えいが) 영화　　食堂(しょくどう) 식당

응용연습

🔊 track 19

● 영화관에 전화를 걸어 예문과 같이 영화 상영 시간을 물어봅시다.

예
田中　もしもし、東京シネマですか。
係員（かかりいん）　はい、東京シネマでございます。
田中　あのー、『ローマの休日（きゅうじつ）』は何時ですか。
係員　えーと、『ローマの休日』は10:00、1:00、4:00、7:00でございます。
田中　あー、そうですか。ありがとうございます。
係員　いいえ、どういたしまして。

映画館（えいがかん）	映画名（えいがめい） / 時間
東京シネマ	ローマの休日 10:00 / 1:00 / 4:00 / 7:00
シネマ東京	花（はな）より男子（だんご） 9:40 / 11:40 / 1:50 / 4:00 / 6:20 / 8:30
ロッテシネマ東京	となりのトトロ 12:20 / 2:50 / 5:20 / 7:50
CGV新宿（しんじゅく）	ラブレター(LOVE LETTER) 10:40 / 1:20 / 4:30 / 7:20

새로운 단어

もしもし 여보세요　　東京シネマ(とうきょうシネマ) 도쿄 시네마(도쿄에 있는 영화관)
係員(かかりいん) 담당자　　~でございます ~입니다(です보다 공손한 말)　　あのー 저(말을 시작할 때 또는 말이 막혔을 때 하는 말)　　ローマの休日(ローマのきゅうじつ) 로마의 휴일　　えーと 저어(말을 잇지 못하고 망설일 때 쓰는 말)　　映画館(えいがかん) 영화관　　映画名(えいがめい) 영화명
新宿(しんじゅく) 신주쿠(도쿄에 있는 지명)　　ラブレター 러브레터

한자연습

한자					
何 (なに/なん)					
時 (じ・とき)					
半 (はん)					
間 (かん・あいだ)					
午 (ご)					
前 (ぜん・まえ)					
授 (じゅ)					
業 (ぎょう)					
映 (えい・うつ(る))					
画 (が/かく)					

05

そのみかんは いくらですか

track 20

사토 교수가 가게에서 과일을 사고 있다.

店員　　いらっしゃいませ。

佐藤　　すみません。そのみかんはいくらですか。

店員　　よっつで1,000ウォンです。

佐藤　　じゃ、このりんごはいくらですか。

店員　　ひとつ1,000ウォンです。

佐藤　　じゃ、みかんよっつとりんごをふたつください。

店員　　全部で3,000ウォンですね。

佐藤　　はい。5,000ウォン。

店員　　2,000ウォンのおつりです。ありがとうございました。

새로운 단어

み⌈かん 귤   い⌈くら 얼마   店員(て⌈んいん) 점원
い⌈らっしゃいま⌈せ (손님을 맞이할 때) 어서 오세요
す⌈みません 저기요(점원을 부를 때 쓰는 말), 미안합니다   よ⌈っつ 네 개, 넷   ～で ~에/이면
ウォ⌈ン 원(한국의 화폐 단위)   り⌈んご 사과   ひ⌈と⌉つ 하나   ～と ~와/과   ～を ~을/를
ふ⌈た⌉つ 두 개, 둘   く⌈ださ⌉い 주세요   全部(ぜ⌈んぶ) 전부   ～ね ~군요   お⌈つり 거스름돈
あ⌈り⌉がとうございました 감사했습니다

문법해설

1 조수사

수량을 나타내는 말 뒤에 붙어서 수량의 단위를 나타내는 조사이다.

	～人 ～にん	～個 ～こ	～枚 ～まい	～本 ～ほん
	사람을 셀 때	작은 물건을 셀 때	얇은 물건을 셀 때	가늘고 긴 물건을 셀 때
1	ひとり	いっこ	いちまい	いっぽん
2	ふたり	にこ	にまい	にほん
3	さんにん	さんこ	さんまい	さんぼん
4	よにん	よんこ	よんまい	よんほん
5	ごにん	ごこ	ごまい	ごほん
6	ろくにん	ろっこ	ろくまい	ろっぽん
7	ななにん	ななこ	ななまい(しちまい)	ななほん
8	はちにん	はっこ(はちこ)	はちまい	はっぽん
9	きゅうにん	きゅうこ	きゅうまい	きゅうほん
10	じゅうにん	じ(ゅ)っこ	じゅうまい	じ(ゅ)っぽん
何	なんにん	なんこ	なんまい	なんぼん

～杯 ～はい	～匹 ～ひき	～冊 ～さつ	～歳 ～さい
잔이나 컵에 든 것을 셀 때	작은 동물을 셀 때	책을 셀 때	나이를 셀 때
いっぱい	いっぴき	いっさつ	いっさい
にはい	にひき	にさつ	にさい
さんばい	さんびき	さんさつ	さんさい
よんはい	よんひき	よんさつ	よんさい
ごはい	ごひき	ごさつ	ごさい
ろっぱい	ろっぴき	ろっさつ	ろくさい
ななはい	ななひき	ななさつ	ななさい
はっぱい	はっぴき	はっさつ	はっさい(はちさい)
きゅうはい	きゅうひき	きゅうさつ	きゅうさい
じ(ゅ)っぱい	じ(ゅ)っぴき	じ(ゅ)っさつ	じ(ゅ)っさい
なんばい	なんびき	なんさつ	なんさい

2 수사

0	れい・ゼロ	1	いち	2	に	3	さん	4	よん(し)
5	ご	6	ろく	7	しち(なな)	8	はち	9	きゅう(く)

10	じゅう	100	ひゃく	1,000	せん	10,000	いちまん
20	にじゅう	200	にひゃく	2,000	にせん	20,000	にまん
30	さんじゅう	300	さんびゃく	3,000	さんぜん	30,000	さんまん
40	よんじゅう	400	よんひゃく	4,000	よんせん	40,000	よんまん
50	ごじゅう	500	ごひゃく	5,000	ごせん	50,000	ごまん
60	ろくじゅう	600	ろっぴゃく	6,000	ろくせん	60,000	ろくまん
70	ななじゅう	700	ななひゃく	7,000	ななせん	70,000	ななまん
80	はちじゅう	800	はっぴゃく	8,000	はっせん	80,000	はちまん
90	きゅうじゅう	900	きゅうひゃく	9,000	きゅうせん	90,000	きゅうまん

3 고유수사

고유수사는 1~10까지이며, 11부터는 じゅういち, じゅうに…의 식으로 이어진다.

하나	ひとつ	둘	ふたつ	셋	みっつ	넷	よっつ	다섯	いつつ
여섯	むっつ	일곱	ななつ	여덟	やっつ	아홉	ここのつ	열	とお

4 ～はいくらですか

～은 얼마입니까?

いくら는 '얼마/어느 정도'라는 의미의 의문사로 가격이 얼마인지 물을 때 사용한다.

- 예 A: そのみかんはいくらですか。
  B: １００円です。

  A: ネクタイはいくらですか。
  B: ６,０００円です。

5 〜と　　　　　　　　　　　　　　　　　　[조사] 〜와/과

〜とは 우리말의 '〜와/과'에 해당하는 조사이다. 두 개 이상의 명사와 명사를 나열할 때 명사 사이에 온다.

- 예 みかんとりんご　　コーヒーとケーキ

6 〜をください　　　　　　　　　　　　　　[명사] 〜을/를 주세요

〜をは '〜을/를'을 뜻하는 조사로, 명사에 접속되어 뒤의 동사의 대상이 된다. 〜をください는 우리말의 '〜을/를 주세요'에 해당하는 의뢰 표현이다.

- 예 りんごをふたつください。

  はがきをさんまいください。

7 〜で　　　　　　　　　　　　　　　　　　[조사] 〜에/〜이면

〜では 수량을 나타내는 조사이다.

- 예 よっつで２００円です。

  全部で１,０００円です。

새로운 단어

円(えん) 엔(일본의 화폐 단위)　　ネクタイ 넥타이　　ケーキ 케이크　　はがき 엽서
〜まい 〜장(종이·접시 등을 셀 때)

문형연습

Ⅰ 다음 문형을 예문과 같이 히라가나, 가타카나로 완성해 봅시다.

1 ～は～円です

> 예) りんご・100 → りんご<u>は</u>ひゃく円です。

❶ かばん・6,600 →
❷ コーヒー・350 →
❸ 映画・1,800 →
❹ CD・3,200 →
❺ カメラ・23,000 →

2 ～と～で～円です

> 예) ワイン・チーズ・2,800
> → <u>ワイン</u>と<u>チーズ</u>で<u>にせんはっぴゃく</u>円です。

❶ かばん・ほん・7,600 →
❷ コーヒー・ケーキ・550 →
❸ 映画・コーヒー・2,100 →
❹ りんご・みかん・1,300 →
❺ カメラ・CD・33,000 →

3 ～を～ください

> 예 みかん・8 ➡ <u>みかん**を**やっつ**ください**</u>。

① りんご・3 ➡ _____

② ワイン・1 ➡ _____

③ 本・5 ➡ _____

④ たまご・6 ➡ _____

⑤ 紙コップ・10 ➡ _____

II 다음 일본어를 한국어로, 한국어를 일본어로 고쳐 봅시다.

① 全部で380円です。
➡ _____

② ワインを3本ください。
➡ _____

③ 시계는 얼마입니까?
➡ _____

④ 귤을 3개 주세요.
➡ _____

새로운 단어

CD(シーディー) 컴팩트 디스크　　カメラ 카메라　　チーズ 치즈　　ほん 책
ワイン 와인　　パン 빵　　たまご 달걀　　紙コップ(かみコップ) 종이컵
～本(ほん) ~병, ~자루(가늘고 긴 물건을 셀 때)　　時計(とけい) 시계

회화연습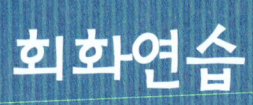

1 그림을 보고 예문과 같이 말해 봅시다.

A ネクタイはいくらですか。
B 7,800円です。

❶  25,700円

❷  36,000円

❸  12,800円

❹  9,600円

❺  173,000円

❻  48,000円

2 그림을 보고 예문과 같이 말해 봅시다.

예
A　すみません。みかんをいつつください。
B　はい。全部で400円です。

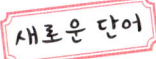

새로운 단어

コンピューター 컴퓨터　ノート 노트

응용연습

track 22

● 지금 당신은 햄버거 가게에 있습니다. 메뉴를 보고 예문과 같이 주문해 보세요.

예

店員　いらっしゃいませ。
客　　あのう、チーズバーガーひとつとポテトのLひとつとコーラのMをひとつください。
店員　はい。チーズバーガーひとつとポテトのLひとつとコーラのMひとつですね。全部で630円です。
客　　はい。1,000円。
店員　370円のおつりです。ありがとうございました。少々お待ちください。

メニュー

コーヒー	180円
アイスコーヒー	200円
コーラ	Ⓢ 150円　Ⓜ 180円　Ⓛ 200円
ハンバーガー	200円
チーズバーガー	250円
テリヤキバーガー	280円
チキンナゲット	210円
アップルパイ	180円
コーン	180円
ポテト	Ⓢ 150円　Ⓜ 180円　Ⓛ 200円

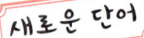

客(きゃく) 손님　チーズバーガー 치즈버거　ポテト 감자튀김　コーラ 콜라
少々(しょうしょう) 잠시　お待ちください(おまちください) 기다려 주세요

한자연습

店 てん·みせ					
員 いん					
全 ぜん					
部 ぶ					
枚 まい					
本 ほん					
杯 はい					
紙 し·かみ					
計 けい·はか(る)					
客 きゃく/かく					

05 そのみかんはいくらですか

06

ＡＴＭのきかいは どこにありますか

track 23

학교에서 박민지가 선배인 기무라에게 현금 지급기가 어디 있는지 묻고 있다.

朴　　すみません。ＡＴＭ(エーティーエム)のきかいはどこにありますか。

木村　あそこに図書館がありますね。

朴　　はい。

木村　あの図書館の入(い)り口(ぐち)に一台(いちだい)ありますよ。

　　　でも、いつも人がたくさんいます。

朴　　え、そこしかありませんか。

木村　休(やす)み時間(じかん)は10分だけですよね。

朴　　はい。

木村　じゃ、5階(ごかい)のコンピューター室(しつ)の前(まえ)にも一台ありますが、

　　　そこはあまり人がいませんよ。

朴　　そうですか。ありがとうございました。

木村　　いいえ、どういたしまして。

새로운 단어

ATM(エーティーエム) 현금 지급기　きかい 기계　どこ 어느 곳　〜に ~에
あります 있습니다↔ありません 없습니다(사물, 식물)　あそこ 저곳　〜が ~이/가
〜ね ~하죠(물음, 다짐)　入り口(いりぐち) 입구　一台(いちだい) 한 대　〜よ ~요
でも 그렇지만, 하지만　いつも 항상, 늘　たくさん 많이
います 있습니다↔いません 없습니다(사람, 동물)　そこ 그곳　〜しか ~밖에
休み時間(やすみじかん) 쉬는 시간　〜だけ ~만/뿐　〜よね ~죠(가벼운 단정의 표현)
5階(ごかい) 5층　コンピューター室(コンピューターしつ) 컴퓨터실　前(まえ) 앞
〜にも ~에도　〜が ~이지만　あまり 그다지, 별로

문법해설

1 지시대명사

	こ	そ	あ	ど
장소	こ˩こ 이곳	そ˩こ 그곳	あ˥そこ 저곳	ど˩こ 어느 곳
방향	こ˩ちら 이쪽 (こ˩っち)	そ˥ちら 그쪽 (そ˩っち)	あ˥ちら 저쪽 (あ˩っち)	ど˩ちら 어느 쪽 (ど˩っち)

예 トイレはどこですか。

　こちらは私のともだちです。

2 위치 관계 표현

명사와 그 위치를 나타내는 말 사이에는 반드시 の를 붙여야 한다.

上(う˩え) 위
右(み˩ぎ) 오른쪽
左(ひ˩だり) 왼쪽
下(し˩た) 아래
中(な˩か) 안
外(そ˩と) 밖
後ろ(う˩しろ) 뒤
そ˩ば 곁
前(ま˩え) 앞
間(あ˩いだ) 사이
む˥こう 맞은편, 건너편
と˥なり 옆, 이웃

3　～に～があります　　　～(장소)에 ~(사물/식물)이/가 있습니다

～に는 '～에'를 뜻하는 조사로, 장소를 나타내는 명사 다음에 와서 사람이나 사물이 존재하는 장소를 나타낸다. あります는 스스로 움직일 수 없는 사물과 식물의 존재를 나타내는 표현이며, ～に～があります는 어느 장소에 무엇이 있는가를 표현할 때 사용한다.

- 예　あそこに図書館がありますね。
  　　ここにかびんがあります。

4　～がいます　　　～(사람/동물)이/가 있습니다

～います는 '～있습니다'의 의미로 사람이나 동물의 존재를 나타낸다.

- 예　人がたくさんいます。
  　　公園(こうえん)にいぬがいます。

5　～はありません(いません)　　　～은/는 없습니다

- 예　ここにはATMのきかいはありません。
  　　恋人(こいびと)はいません。

	기본형	정중형	부정형
사물, 식물	ある	あります	ありません
사람, 동물	いる	います	いません

6　～しか～ません　　　～밖에 없습니다

～しか는 '～밖에'의 뜻으로 명사 뒤에 붙어서 한정의 의미를 나타낸다. ～しか는 '그것뿐이고 그 외에는 없다'라는 것을 강조하는 의미로 쓰이며, 뒤에는 반드시 부정문이 와야 한다. 수량 뒤에 ～しか를 붙이면 화자가 그 수량에 대해 적다고 느끼는 것을 나타낸다.

- 예　一台しかありません。
  　　佐藤さんしかいません。

7 ～だけ～です(ます)   ~만 ~입니다(합니다)

～だけ는 '~만, ~뿐, ~정도'의 뜻으로 명사 뒤에 붙어 한정의 의미를 나타낸다.

- 예) 佐藤さんだけです。
  一台だけあります。

8 あまり～ません   그다지 ~없습니다

あまり 뒤에 부정 표현이 오면 '그다지 ~없습니다'라는 뜻이 된다.

- 예) お金(かね)があまりありません。
  人があまりいません。

9 ～が   ~이/가

～が는 주어 뒤에 접속하여 동작과 존재, 상태 등의 주체를 나타낸다.

- 예) 教室(きょうしつ)に先生がいます。
  えきの2階(にかい)にトイレがあります。

새로운 단어

かびん 꽃병   公園(こうえん) 공원   いぬ 개   恋人(こいびと) 애인   お金(おかね) 돈
教室(きょうしつ) 교실   えき 역   トイレ 화장실

일본 문화 엿보기

일본에서 편리한 가게는? 日本の便利なお店は？

薬屋(약국)
<small>くすりや</small>

일본에서 쇼핑에 편리한 곳은? 이라는 질문에 많은 사람들이 약국이라고 대답한다. 약국? 이라고 의아하게 생각하는 사람들이 많을지도 모르겠다. 한국의 약국과 달리 일본의 약국에서는 여러 가지를 팔고 있다. 약국을 「ドラッグストア」라 하는데 약은 물론, 화장품, 샴푸, 린스 등의 헤어 케어 상품, 입욕 상품, 종이 기저귀, 청소 용품, 건강 식품, 아기의 이유식에서 애완견 용품까지 폭넓게 구입할 수 있다. 슈퍼와 같이 다양한 제품을 싸게 구입할 수 있기 때문에 근처에 슈퍼가 있어도 「ドラッグストア」로 가는 사람들이 많다.

コンビニエンス ストア(편의점)

편리한 가게? 하면 역시 편의점일 것이다. 일본인은 「コンビニエンス ストア」를 줄여서 「コンビニ」라고 부른다. 현재 일본의 편의점에서는 식품, 음료, 잡지, 인스턴트 식품 등의 구입은 물론 콘서트, 연극, 영화, 유원지 등의 티켓 예약 및 발권, 복사, 팩스 송수신이 가능하다. 또한 각종 공공요금(전화·가스·전기·수도·NHK TV시청료) 수납, 세금 수납, 사진 현상, 인터넷으로 구입한 물품 수령, 택배 서비스까지 여러 기관의 창구가 되고 있다.

문형연습

I 다음 문형을 예문과 같이 완성해 봅시다.

1 ～に～があります

> 예　あそこ・銀行　➡　あそこに銀行があります。

❶ そこ・アパート　➡　_____

❷ バス停の前・スーパー　➡　_____

❸ あそこ・映画館　➡　_____

❹ 会社のとなり・食堂　➡　_____

❺ 病院の中・トイレ　➡　_____

2 ～に～がいます

> 예　あそこ・金さん　➡　あそこに金さんがいます。

❶ そこ・朴さん　➡　_____

❷ ここ・木村さん　➡　_____

❸ あそこ・佐藤先生　➡　_____

❹ 公園・いぬ　➡　_____

❺ 車の後ろ・こども　➡　_____

3 ～はどこにありますか

> 예 図書館 ➡ 図書館はどこにありますか。

❶ トイレ ➡ _____

❷ 研究室(けんきゅうしつ) ➡ _____

❸ 教室 ➡ _____

❹ エレベーター ➡ _____

❺ 地下鉄(ちかてつ)の入り口 ➡ _____

II 다음 일본어를 한국어로, 한국어를 일본어로 고쳐 봅시다.

❶ そこはあまり人がいませんね。
   ➡ _____

❷ 休み時間は10分だけです。
   ➡ _____

❸ 역 앞에 영화관이 있습니다.
   ➡ _____

❹ 차 뒤에 아이가 있습니다.
   ➡ _____

새로운 단어

ア「パ」ート 아파트   バス停(バ「スてい) 버스 정류장   ス「ーパー 슈퍼마켓
会社(か「いしゃ) 회사   と「なり 옆, 이웃   病院(びょ「ういん) 병원   中(な「か) 안, 속
車(く「るま) 자동차   後ろ(う「しろ) 뒤   こ「ども 어린이   研究室(け「んきゅ「うしつ) 연구실
エ「レベーター 엘리베이터   地下鉄(ち「かてつ) 지하철

회화연습

🔊 track 24

1 그림을 보고 예문과 같이 말해 봅시다.

> 예
> 1. A ほんはどこにありますか。
>   B つくえのうえにあります。
>
> 2. A ねこはどこにいますか。
>   B テレビのまえにいます。

ほん
はこ
かばん
カーテン
カレンダー
つくえ
まど
めがね
いす
とけい
かさ
コーヒー
ねこ
けいたいでんわ
ケーキ
朴さん
れいぞうこ
いぬ
テレビ
ごみばこ
ビール
ベッド

2 그림을 보고 예문과 같이 말해 봅시다.

A　ATMのきかいは何台(なんだい)ありますか。
B¹　一台だけあります。
B²　一台しかありません。

ATMのきかい・1

❶
映画のチケット・2

❷
ビール・5

❸
キムチ・500

❹
お金・3,000

❺
コップ・3

❻
車・2

 새로운 단어

つくえ 책상　　うえ 위　　ねこ 고양이　　テレビ 텔레비전　　はこ 상자
カーテン 커튼　　カレンダー 달력　　まど 창문　　いす 의자　　れいぞうこ 냉장고
ごみばこ 쓰레기통　　ビール 맥주　　ベッド 침대　　何台(なんだい) 몇 대
チケット 티켓　　キムチ 김치　　グラム 그램　　コップ 컵　　～個(こ) ~개

응용연습

🔊 track 25

- 그림을 보고 예문과 같이 말해 봅시다.

> 예
> A 映画館はどこにありますか。
> B 銀行の前にあります。

새로운 단어

交番(こうばん) 파출소　まんがきっさ 만화 카페　マクドナルド 맥도날드
本屋(ほんや) 서점　コンビニ 편의점(コンビニエンス・ストア의 준말)

한자연습

漢字						
入 にゅう・はい(る)	入	入				
口 こう・くち	口	口				
台 だい	台	台				
分 ふん・わ(かる)	分	分				
階 かい	階	階				
公 こう・おおやけ	公	公				
園 えん・その	園	園				
金 きん・かね	金	金				
教 きょう・おし(える)	教	教				
室 しつ	室	室				

06 ATMのきかいはどこにありますか

07

今日（きょう）はあついですね

track 26

더운 여름날 박민지와 기무라가 일본어 공부, 한국 음식, 일본 대학 식당에 대해 이야기하고 있다.

朴　　　こんにちは。

木村　　あ、朴さん、こんにちは。今日はあついですね。

朴　　　はい。とてもあついです。クーラーがほしいですね。

木村　　そうですね。日本語の勉強（べんきょう）はどうですか。

朴　　　むずかしいですが、おもしろいです。

　　　　木村さん、おひるは。

木村　　まだです。

朴　　　そうですか。韓国のたべものはからくありませんか。

木村　　ちょっとからいですが、値段（ねだん）もやすくておいしいです。

朴　　　日本の大学の食堂はたかいですか。

木村　　いいえ、日本の大学の食堂は、

　　　　たかくもやすくもありませんよ。

朴　　そうですか。
　　　味はどうですか。

木村　まあまあです。

새로운 단어

あ「つ」い 덥다　　こ「んにちは 안녕하세요(점심 인사)　　と「ても 아주, 대단히　　ク「ーラー 에어컨
ほ「し」い 갖고 싶다　　勉強(べ「んきょう) 공부　　ど「うですか 어떻습니까?　　む「ずかしい 어렵다
お「もしろ」い 재미있다　　お「ひ」る 점심　　ま「だ 아직　　た「べも」の 음식　　か「ら」い 맵다
ちょ「っと 조금, 잠시　　値段(ね「だん) 가격　　や「す」い 싸다　　お「いしい 맛있다
た「か」い 비싸다, 높다　　味(あ「じ) 맛　　ま「あま」あ 그런대로

문법해설

1 イ형용사

イ형용사는 사람이나 사물의 성질, 상태를 나타낸다. 기본형의 어미가 ～い로 끝나며, 명사를 수식할 때 기본형인 ～い의 형태로 명사 앞에 접속하여 イ형용사라고 부른다.

▶ イ형용사 활용표

	긍정	부정
현재	おもしろい 재미있다	おもしろくない 재미있지 않다
	おもしろいです (정중체) 재미있습니다	おもしろくありません (정중체) 재미있지 않습니다
과거	おもしろかった 재미있었다	おもしろくなかった 재미있지 않았다
	おもしろかったです (정중체) 재미있었습니다	おもしろくありませんでした (정중체) 재미있지 않았습니다

예 [긍정형] ➡ この映画はおもしろい(です)。
　　　　　 ➡ このかばんはやすい(です)。

　　[부정형] ➡ この映画はおもしろくない(です)。
　　　　　 ➡ このかばんはやすくない(です)。

　　[과거형] ➡ きのうの映画はおもしろかった(です)。
　　　　　 ➡ このかばんはやすかった(です)。

　　[과거부정형] ➡ きのうの映画はおもしろくなかった(です)。
　　　　　　　 ➡ このかばんはやすくなかった(です)。

주의 いい(좋다)의 활용 → よい로 활용
よくない[부정형]・よかった[과거형]・よくなかった[과거부정형]

2　イ形용사 ＋ 명사です　　　　　　　　～한 ～입니다(イ형용사의 명사 수식)

イ형용사가 명사를 수식하는 경우 기본형 형태로 명사를 바로 수식한다. 이 때 어형의 변화는 없다.

- 예) 富士山はたかい山です。

　　 田中さんはやさしい人です。

3　～くて～です　　　　　　　　～하고 ～합니다(イ형용사의 연결)

イ형용사를 다른 말과 연결할 때에는 어미 い를 없애고 ～くて를 붙인다. 단, いい의 경우는 よくて로 바뀐다.

- 예) 大学の食堂は、やすくておいしいです。

　　 そのカメラは、ちいさくてかるいです。

4　～くも～くもありません　　　　　　　　～하지도 ～하지도 않습니다

「イ형용사 어간 ＋くも＋イ형용사 어간＋くもありません」으로 접속한다.

- 예) 大学の食堂は、たかくもやすくもありませんよ。

　　 私の部屋は、ひろくもせまくもありません。

5　～はどうですか　　　　　　　　～은 어때요?

どう는 '어때'의 뜻으로 사람이나 사물 또는 일의 상태, 성질 등을 물을 때 사용한다. いかがは どう의 정중한 표현이며 ～はどうですか는 '～은 어때요?'의 뜻으로 현재 말하고 있는 내용에 관해서 자신의 새로운 아이디어를 제시하거나 권유할 때 사용한다. いかがですか는 '어떻습니까?'의 뜻으로 どうですか보다 공손한 표현이다.

- 예) A : 日本語の勉強はどうですか。

　　 B : とてもたのしいです。

현재	～はどうですか ~은/는 어때요?	～はいかがですか ~은/는 어떠세요?
과거	～はどうでしたか ~은/는 어땠어요?	～はいかがでしたか ~은/는 어떠셨어요?

6 명사 + がほしい   ~을/를 원한다, ~을/를 갖고 싶다

「명사＋がほしい」는 '~을/를 원한다'라는 뜻으로 사물 또는 다른 사람을 소유하고 싶다는 말하는 사람의 욕구를 나타낸다. ほしい는 イ형용사 활용을 하고, ほしい 앞에 오는 욕구의 대상에는 조사 が를 쓴다. 단 손윗사람에게 「명사＋がほしいですか」로 물어보는 것은 실례가 되니 주의하자.

예) A : いま何がほしいですか。

B : 車がほしいです。

私は恋人がほしいです。

새로운 단어

富士山(ふじさん) 후지산 (일본에서 가장 높은 산, 3776m)　山(やま) 산　やさしい 상냥하다
ちいさい 작다　かるい 가볍다　部屋(へや) 방　ひろい 넓다　せまい 좁다
たのしい 즐겁다

イ형용사

- **날씨・기온**
  暑い(あ「つ」い) 덥다 ↔ 寒い(さ「む」い) 춥다   暖かい(あ「たたか」い) 따뜻하다
  涼しい(す「ずし」い) 시원하다

- **온도**
  熱い(あ「つ」い) 뜨겁다   ぬ「る」い 미지근하다   冷たい(つ「めたい) 차다

- **양・질감**
  多い(お「おい) 많다 ↔ 少ない(す「くな」い) 적다
  大きい(お「おき」い) 크다 ↔ 小さい(ち「いさ」い) 작다
  重い(お「もい) 무겁다 ↔ 軽い(か「る」い) 가볍다   高い(た「か」い) 높다 ↔ 低い(ひ「く」い) 낮다
  高い(た「か」い) 비싸다 ↔ 安い(や「す」い) 싸다   厚い(あ「つ」い) 두껍다 ↔ 薄い(う「すい) 얇다
  長い(な「が」い) 길다 ↔ 短い(み「じか」い) 짧다   太い(ふ「と」い) 굵다 ↔ 細い(ほ「そ」い) 가늘다

- **시간・속도**
  遅い(お「そい) (시간이) 늦다, (속도가) 느리다 ↔ 早い(は「や」い) (시간이) 이르다 ǀ 速い(は「や」い) (속도가) 빠르다

- **거리**
  近い(ち「か」い) 가깝다 ↔ 遠い(と「おい) 멀다

- **맛・미각**
  甘い(あ「ま」い) 달다   辛い(か「ら」い) 맵다   お「いしい 맛있다   ま「ず」い 맛없다

- **느낌・기분 등**
  お「もしろ」い 재미있다   楽しい(た「のし」い) 즐겁다   つ「まら」ない 시시하다
  難しい(む「ずかしい) 어렵다 ↔ 易しい(や「さしい) 쉽다 ǀ 優しい(や「さしい) 상냥하다
  か「わいい 귀엽다   痛い(い「た」い) 아프다   ほ「し」い 갖고 싶다, 원하다

- **색**
  赤い(あ「か」い) 빨갛다   青い(あ「お」い) 파랗다   き「いろい 노랗다   黒い(く「ろ」い) 검다
  白い(し「ろ」い) 하얗다

- **그 외**
  明るい(あ「かるい) 밝다 ↔ 暗い(く「らい) 어둡다
  新しい(あ「たらし」い) 새롭다 ↔ 古い(ふ「る」い) 오래되다, 낡다
  い「い・よ「い 좋다 ↔ 悪い(わ「る」い) 나쁘다   広い(ひ「ろ」い) 넓다 ↔ 狭い(せ「ま」い) 좁다
  強い(つ「よ」い) 강하다 ↔ 弱い(よ「わ」い) 약하다   き「たない 더럽다   丸い(ま「る」い) 둥글다
  若い(わ「か」い) 젊다   忙しい(い「そがし」い) 바쁘다   う「るさい 시끄럽다
  危ない(あ「ぶない) 위험하다   な「い 없다

문형연습

Ⅰ 다음 문형을 예문과 같이 완성해 봅시다.

1 イ형용사의 과거형

> **예**
> A お天気はよかったですか。
> B はい。よかったです。／ いいえ。よくありませんでした。

❶ 日本はあつかったですか。 ➡ _____

❷ なつやすみはたのしかったですか。 ➡ _____

❸ テストはむずかしかったですか。 ➡ _____

❹ たべものはおいしかったですか。 ➡ _____

❺ 人はおおかったですか。 ➡ _____

2 ～くて～

> **예**
> ちいさい・かるい・カメラ ➡ ちいさくてかるいカメラです。

❶ あまい・おいしい・おかし ➡ _____

❷ ひろい・あかるい・部屋 ➡ _____

❸ ちいさい・かわいい・人 ➡ _____

❹ からい・おいしい・たべもの ➡ _____

❺ おいしい・やすい・みせ ➡ _____

3 ～がほしいです

> 예 いい・くつ ➡ <u>いいくつ</u>がほしいです。

❶ あかい・ハンカチ ➡ _____

❷ あおい・かさ ➡ _____

❸ くろい・さいふ ➡ _____

❹ おおきい・時計 ➡ _____

❺ ちいさい・カメラ ➡ _____

Ⅱ 다음 일본어를 한국어로, 한국어를 일본어로 고쳐 봅시다.

❶ 大学の食堂はやすくておいしいですよ。
➡ _____

❷ 日本語の勉強はどうですか。
➡ _____

❸ 어렵지만 재미있습니다.
➡ _____

❹ 검은 지갑을 갖고 싶습니다.
➡ _____

새로운 단어

お天気(お てんき) 날씨　　よい 좋다(=いい)　　なつやすみ 여름 방학, 여름 휴가
テスト 시험　　おおい 많다　　あまい 달다　　おかし 과자　　あかるい 밝다
かわいい 귀엽다　　みせ 가게　　あかい 빨갛다　　ハンカチ 손수건
あおい 파랗다　　くろい 검다　　おおきい 크다

회화연습 🔊 track 27

1 그림을 보고 예문과 같이 말해 봅시다.

> 예
> 1. A 日本語の試験はどうですか。
>   B むずかしいです。
>
> 2. A 日本語の試験はどうでしたか。
>   B むずかしかったです。
>
> (日本語の試験) → むずかしい

❶
(きのう) → たのしい

❷
(韓国のドラマ) → おもしろい

❸
(中間テスト) → やさしい

❹
(学校の食堂) → おいしい

❺
(英語の授業) → むずかしい

❻
(先生) → やさしい

2 ⓐ와 ⓑ의 단어를 사용하여 예문과 같이 말해 봅시다.

예
1. A 木村さんは、いま何がほしいですか。
   B (あおい) + (かばん)がほしいです。
       ⓐ   ⓑ
2. A 朴さんは、いま何がほしいですか。
   B (かる)くて(やすい) + (カメラ)がほしいです。
       ⓐ   ⓐ   ⓑ

보기

ⓐ どんな

おおきい	ちいさい	おもい	~~かるい~~	たかい
~~やすい~~	あたらしい	ふるい	かっこいい	
あかい	~~あおい~~	きいろい	くろい	しろい
おもしろい	たのしい	つまらない	やさしい	かわいい

ⓑ ほしい もの

かばん　さいふ　くつ　かさ　けいたいでんわ

時計　~~カメラ~~　ふく　かれし　かのじょ

새로운 단어

試験(しけん) 시험　　ドラマ 드라마　　中間テスト(ちゅうかんテスト) 중간고사
かっこいい 멋지다　　ふく 옷　　かれし 그, 남자친구　　かのじょ 그녀, 여자친구

응용연습

- 예문과 같이 イ형용사를 사용하여 각자 갖고 있는 물건에 대해 말해 봅시다.

| 예 | 朴さんのかばんはあかいです。
朴さんのかばんはあかくてかわいいです。 |

	わたし	～さん	～さん
かばん			
さいふ			
ふく			
ペン			
かれし/かのじょ			
くつ			
スカート			
けいたいでんわ			

새로운 단어

ペン 펜　スカート 스커트

한자연습

勉 べん						
強 きょう・つよ(い)						
値 ち・ね						
段 だん						
食 しょく・た(べる)						
堂 どう						
山 さん・やま						
屋 おく・や						
恋 れん・こい						
安 あん・やす(い)						

08

私は秋が好きです

track 28

날씨가 좋은 어느 날, 기무라와 박민지가 서로의 기호에 대해 이야기하고 있다.

木村　こんにちは。いい天気ですね。

朴　　そうですね。もうすぐ秋ですね。

木村　朴さんは、秋と冬、どちらが好きですか。

朴　　私は冬より秋のほうが好きです。
　　　空がきれいですから。

木村　そうですか。私も季節の中で秋が一番好きです。

朴　　木村さんは、好きなスポーツは何ですか。

木村　サッカーが好きです。

　　　朴さんはどんなスポーツが好きですか。

朴　　私はテニスやバスケットボールが好きです。

木村　じゃ、音楽の中で何が一番好きですか。

朴　　私はロックが好きです。

木村　へぇ、朴さんは活発(かっぱつ)で元気(げんき)な人ですね。

새로운 단어

秋(あき) 가을　好きだ(すきだ) 좋아하다　もうすぐ 이제 곧　冬(ふゆ) 겨울
～より ~보다　～ほう ~쪽　空(そら) 하늘　きれいだ 예쁘다, 깨끗하다
～から ~이니까　季節(きせつ) 계절　一番(いちばん) 가장, 제일　スポーツ 스포츠
サッカー 축구　テニス 테니스　～や ~이랑　バスケットボール 농구
音楽(おんがく) 음악　ロック 록(로큰롤의 준말)　へえ 감탄, 놀람, 의아함의 표현
活発だ(かっぱつだ) 활발하다　元気だ(げんきだ) 건강하다

문법해설

1 ナ형용사

기본형이 だ로 끝나는 형용사로 명사를 수식할 때 ～な의 형태로 수식하여 ナ형용사라고 한다. 활용은 다음과 같다.

▶ ナ형용사 활용표

	긍정	부정
현재	しずかだ 조용하다	しずかではない 조용하지 않다 しずかじゃない 조용하지 않다
	しずかです (정중체) 조용합니다	しずかではありません 조용하지 않습니다 しずかじゃありません 조용하지 않습니다
과거	しずかだった 조용했다	しずかではなかった 조용하지 않았다 しずかじゃなかった 조용하지 않았다
	しずかでした (정중체) 조용했습니다	しずかではありませんでした 조용하지 않았습니다 しずかじゃありませんでした 조용하지 않았습니다

2 ナ형용사 + 명사です　　　　　　～한 ~입니다

ナ형용사가 뒤에 오는 명사를 수식할 때에는 어미 だ를 な로 바꾼다.

예　好きなスポーツは何ですか。

　　東京はにぎやかなところです。

3 ナ形容詞 어간 + で　　　　　　　　　　　　　　　　　　　　~이고, ~하고

두 개 이상의 ナ형용사를 사용할 때에는 ナ형용사의 어간에 で를 접속한다.

- 예) 朴さんは活発で元気な人ですね。

  大学の図書館はきれいでしずかです。

4 ~が好きです　　　　　　　　　　　　　　　　　　　　　　~를 좋아합니다

주의) 好きだ・きらいだ・じょうずだ・へただ와 같은 ナ형용사는 그 대상을 나타낼 때 조사 を 대신 が를 쓴다.

- 예) 私は夏が好きです。

  私は冬がきらいです。

5 どんな~が好きですか　　　　　　　　　　　　　　　　어떤 ~을/를 좋아합니까?

どんな는 '어떤'이란 뜻으로, 명사 앞에서 그 명사의 성질이나 상태를 물어볼 때 쓰인다.

- 예) A : どんな人が好きですか。

  B : 元気でやさしい人が好きです。

6 ~と~、どちら(どっち)が好きですか　　　　　　　　
~와/과 ~, 어느 쪽을 좋아합니까?

두 개의 명사를 비교할 때 쓰는 표현이며, 비교 대상이 사람, 사물, 장소에 관계없이 どちら(どっち)를 쓴다. 대답은 ~より~のほうが~です로 응한다.

- 예) A : 夏と冬、どちらが好きですか。

  B : 冬より夏のほうが好きです。

  A : 春と秋、どちらが好きですか。

  B¹ : どちらも好きです。

  B² : どちらも好きではありません。

7 ～から　　　　　　　　　　　　　　　　～이기 때문에(이유)

～から는 '～이기 때문에'의 뜻으로 말하는 사람의 주관적인 판단에 의한 이유를 나타낼 때 쓰인다. ～から는 명사와 ナ형용사에는 だ에, 동사와 イ형용사에는 기본형에 접속된다.

- 예) 私は夏がきらいです。あついから。

  私は山田さんが好きです。しんせつだから。

8 명사 + の中で、～が一番好きですか
　　　　　　　　　　　　　　　　　　～중에서 무엇을 가장 좋아합니까?

3가지 이상의 비교에서 그 중 제일인 것을 물어볼 때의 표현으로, 비교 대상의 명사가 장소인 경우에는 どこ, 사물에는 どれ・何, 사람에는 だれ가 온다.

- 예) A : たべものの中で、何が一番好きですか。

  B : すしが一番好きです。

  A : のみものの中で、何が一番好きですか。

  B : コーヒーが一番好きです。

새로운 단어

夏(なつ) 여름　　にぎやかだ 번화하다, 떠들썩하다　　ところ 곳, 장소　　しずかだ 조용하다
きらいだ 싫어하다　　春(はる) 봄　　しんせつだ 친절하다　　すし 초밥
のみもの 음료, 마실 것

ナ形容詞

嫌いだ(き「らいだ) 싫어하다	大切だ(た「いせつだ) 소중하다, 중요하다
好きだ(す「き」だ) 좋아하다	大好きだ(だ「いすきだ) 아주 좋아하다
上手だ(じょ「うず」だ) 능숙하다, 잘하다	下手だ(へ「た」だ) 서툴다
便利だ(べ「んりだ) 편리하다	不便だ(ふ「べんだ) 불편하다
き「れいだ 깨끗하다, 예쁘다	賑やかだ(に「ぎ」やかだ) 번화하다, 떠들썩하다
元気だ(げ「んきだ) 건강하다	静かだ(し「ずかだ) 조용하다
い「や」だ 싫다, 불쾌하다	親切だ(し「んせつだ) 친절하다
丈夫だ(じょ「うぶだ) 튼튼하다	真面目だ(ま「じめだ) 성실하다
有名だ(ゆ「うめいだ) 유명하다	立派だ(り「っぱだ) 훌륭하다
大丈夫だ(だ「いじょ」うぶだ) 괜찮다	ハ「ンサムだ 잘생기다

문형연습

I 다음 문형을 예문과 같이 완성해 봅시다.

1 ナ형용사의 명사 수식

> 예) しずかだ・うみ ➡ しずかなうみです。

① しんせつだ・人 ➡ _____

② 好きだ・かしゅ ➡ _____

③ ゆうめいだ・映画 ➡ _____

④ にぎやかだ・まち ➡ _____

⑤ きらいだ・たべもの ➡ _____

2 ～で + ナ형용사의 접속

> 예) しずかだ・きれいだ・公園
> ➡ しずかできれいな公園です。

① しずかだ・ゆうめいだ・ところ ➡ _____

② べんりだ・しずかだ・図書館 ➡ _____

③ 元気だ・まじめだ・人 ➡ _____

④ まじめだ・ハンサムだ・人 ➡ _____

⑤ だいすきだ・たいせつだ・人 ➡ _____

3 ナ형용사의 접속

> 예　やすい・ゆうめいだ・みせ　➡　やすく<u>て</u>ゆうめい<u>な</u>みせ

❶ ふべんだ・きたない・ところ　➡ ＿＿＿＿＿＿＿＿＿＿＿＿＿＿

❷ ふるい・ゆうめいだ・ところ　➡ ＿＿＿＿＿＿＿＿＿＿＿＿＿＿

❸ ちかい・べんりだ・ところ　➡ ＿＿＿＿＿＿＿＿＿＿＿＿＿＿

❹ にぎやかだ・きれいだ・レストラン　➡ ＿＿＿＿＿＿＿＿＿＿＿＿

❺ ひろい・しずかだ・公園　➡ ＿＿＿＿＿＿＿＿＿＿＿＿＿＿

II 다음 일본어를 한국어로, 한국어를 일본어로 고쳐 봅시다.

❶ しんせつな人が好きです。
　➡ ＿＿＿＿＿＿＿＿＿＿＿＿＿＿＿＿＿＿＿＿＿＿＿＿

❷ 夏より冬のほうが好きです。
　➡ ＿＿＿＿＿＿＿＿＿＿＿＿＿＿＿＿＿＿＿＿＿＿＿＿

❸ 조용하고 예쁜 공원입니다.
　➡ ＿＿＿＿＿＿＿＿＿＿＿＿＿＿＿＿＿＿＿＿＿＿＿＿

❹ 야마다 씨는 어떤 스포츠를 좋아합니까?
　➡ ＿＿＿＿＿＿＿＿＿＿＿＿＿＿＿＿＿＿＿＿＿＿＿＿

새로운 단어

うみ 바다　ゆうめいだ 유명하다　べんりだ 편리하다　まち 마을
まじめだ 성실하다　ハンサムだ 잘생기다, 핸섬하다　だいすきだ 아주 좋아하다
たいせつだ 소중하다, 중요하다　ふべんだ 불편하다　きたない 더럽다
ちかい 가깝다　レストラン 레스토랑

1 ⓐ와 ⓑ의 단어를 사용하여 예문과 같이 말해 봅시다.

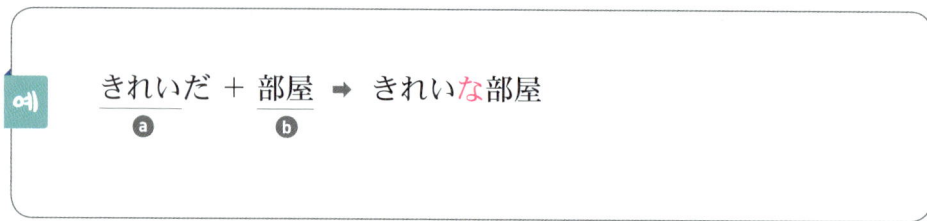

보기

ⓐ
- きれいだ
- べんりだ
- たいせつだ
- しずかだ
- へただ
- にぎやかだ
- じょうぶだ

- しんせつだ
- げんきだ
- きらいだ
- だいすきだ
- りっぱだ
- ゆうめいだ
- すきだ

ⓑ
- 部屋
- かばん
- かしゅ
- ほん
- いろ
- まんが
- たべもの
- 先生

- 山
- え
- 公園
- ゲーム
- 音楽
- つくえ
- うた

2 보기의 단어를 사용하여 예문과 같이 말해 봅시다.

> 　A 朴さんはスポーツの中で、何が一番好きですか。
> 　　　B やきゅうが好きです。

보기
| たべもの | のみもの | 音楽 | 映画 |
| いろ | かしゅ | くだもの | ~~スポーツ~~ |

	朴さん	～さん	～さん	～さん
スポーツ	やきゅう			

새로운 단어

へ「ただ 서툴다　り「っぱだ 훌륭하다　じょ「うぶだ 튼튼하다　え「 그림　ゲーム 게임
い「ろ 색　ま「んが 만화　う「た 노래　や「きゅう 야구　く「だ」もの 과일

08 私は秋が好きです • 107

응용연습

 track 30

● 예문과 같이 イ형용사・ナ형용사를 사용하여 보기에 대해 말해 봅시다.

예
A KTXはどんなのりものですか。
B (速くて)(便利な)のりものです。

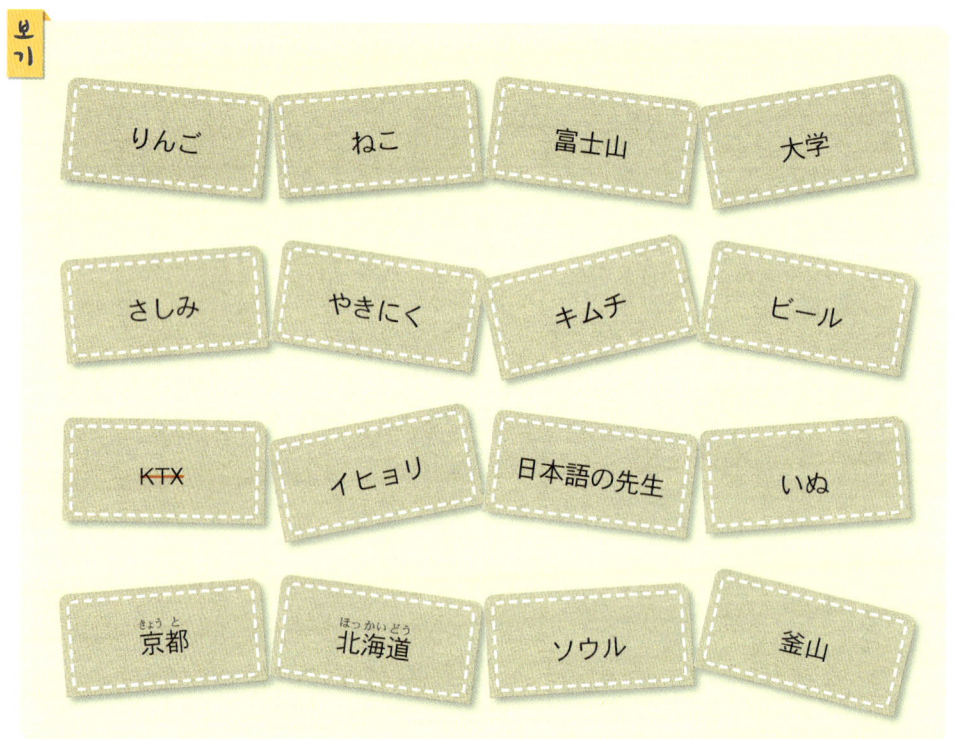

새로운 단어

KTX 한국고속철도　　のりもの 탈것, 교통 기관　　さしみ 생선회　　やきにく 불고기
イヒョリ 이효리(가수)　　京都(きょうと) 교토　　北海道(ほっかいどう) 훗카이도　　ソウル 서울
釜山(プサン) 부산

한자연습

好 すき/このむ	好	好				
天 てん	天	天				
気 き	気	気				
空 くう・そら	空	空				
活 かつ	活	活				
発 はつ/ほつ	発	発				
春 しゅん・はる	春	春				
夏 か・なつ	夏	夏				
秋 しゅう・あき	秋	秋				
冬 とう・ふゆ	冬	冬				

09

週末には何をしますか

🔘 track 31

사토 교수와 박민지가 주말 일과에 대해 이야기하고 있다.

佐藤 　あ、朴さん、おはよう。早いですね。

朴 　　佐藤先生、おはようございます。

　　　私はいつも早く学校へ来ます。

　　　先生はこれから授業ですか。

佐藤 　ええ。朴さんは、毎日大学に来ますか。

朴 　　いいえ、土曜日はやすみです。

佐藤 　あ、そうですね。週末には何をしますか。

朴 　　土曜日には朝掃除と洗濯をします。

　　　それから料理を作ります。

佐藤　へぇ、いいですね。先週も料理を作りましたか。

朴　　いいえ、先週は料理を作りませんでした。
　　　友だちといっしょに映画を見に行きました。

佐藤　日曜日は。

朴　　家でゴロゴロします。

새로운 단어

週末(しゅうまつ) 주말　　早く(はやく) 일찍　　来る(くる) 오다　　これから 지금부터
ええ 네(하이보다 스스럼없는 표현)　　やすみ 휴일　　朝(あさ) 아침　　掃除(そうじ) 청소
洗濯(せんたく) 세탁, 빨래　　それから 그리고나서　　料理(りょうり) 요리
作る(つくる) 만들다　　先週(せんしゅう) 지난주　　いっしょに 함께, 같이　　見る(みる) 보다
~に ~하러　　行く(いく) 가다　　家(うち) 집　　日曜日(にちようび) 일요일
ゴロゴロする 빈둥빈둥하다

문법해설

1 동사 분류

일본어에서 동사 기본형은 모두 う단으로 끝난다.
활용에 따라 다음과 같이 3종류로 나눈다.

1) 1그룹동사 (5단동사)
   a. 어미가 る로 끝나고 る앞이 あ단, う단, お단일 경우
   b. 어미가 る로 끝나지 않는 모든 동사
   예) いく 가다   のむ 마시다   かう (물건을) 사다   つくる 만들다

   주의) 入る, 帰る, 知る, 切る, 走る는 2그룹동사의 형태이지만, 1그룹동사의 활용을 하는 예외 동사이다.

2) 2그룹동사 (상/하1단동사)
   어미가 る로 끝나고 る앞이 い단, え단일 경우
   예) みる 보다   おきる 일어나다   ねる 자다   たべる 먹다

3) 3그룹동사 (カ행 / サ행 변격동사)
   불규칙적으로 활용하는 동사
   예) する 하다   くる 오다

2 동사의 ます형   ~합니다

▶ 동사의 ます형 만들기

1그룹동사: 어미가 う단으로 끝나는 것을 い단으로 바꾸고 ます를 붙인다.
   いく → いきます   のむ → のみます
   かう → かいます   つくる → つくります

2그룹동사: 어미 る를 없애고 ます를 붙인다.
   みる → みます   ねる → ねます   たべる → たべます

3그룹동사: 불규칙적으로 변하므로 반드시 암기해 두자.
   する → します   くる → きます(来ます)

▶ 동사의 ます형 활용표

	긍정	부정
현재	～ます ~합니다	～ません ~하지 않습니다
과거	～ました ~했습니다	～ませんでした ~하지 않았습니다

3 ～に　　　　　　　　　　　　　　　　　　[조사] ~에, ~을/를

～に는 동작, 작용이 이루어지는 시간, 행위가 미치게 되는 대상에 접속한다.

예 朝6時に起きます。
　　朝9時に授業があります。
　　友達に会います。
　　バスに乗ります。

주의 조사 に를 붙일 수 없는 단어

いま 지금　　きのう 어제　　きょう 오늘　　あした 내일　　けさ 오늘 아침
こんしゅう 이번 주　　こんげつ 이번 달　　ことし 올해　　いつ 언제(의문사)

4 ～へ　　　　　　　　　　　　　　　　　　　　　　　~로, ~에

～へ는 동작이나 작용이 그 방향을 향하여 행해짐을 나타낸다.

예 会社へ行きます。
　　学校へ行きます。

5 ～と　　　　　　　　　　　　　　　　　　　　　　　～와/과

～とは 동작이나 작용의 상대를 나타낸다.

- 예) 友達と映画を見ます。
  田中さんといっしょに遊びます。

6 ～で　　　　　　　　　　　　　　　　　　　　　　　～에서(장소)

～では 행동이 일어나는 장소를 나타낸다.

- 예) 家で休みます。
  銀行で働きます。

7 (동사의 ます형, 동작성 명사)に行きます　　　　　　　～하러 갑니다

동사의 ます형이나 동작성 명사 뒤에 조사 に가 오면 '～하러'의 뜻으로 목적을 나타내는 표현이 된다.

- 예) 友達とお酒を飲みに行きます。
  おもしろい映画を見に行きます。
  今、会いに行きます。
  スーパーへかいものに行きます。

새로운 단어

起きる(お「き」る) 일어나다　　会う(あ「う) 만나다　　バ「ス 버스　　乗る(の「る) 타다
遊ぶ(あ「そぶ) 놀다　　休む(や「す」む) 쉬다　　働く(は「たらく) 일하다　　お酒(お「さけ) 술
飲む(の「む) 마시다　　か「いもの 쇼핑

기본동사

書く(か￩く) 쓰다

す￩る 하다

持つ(も￩つ) 들다

泳ぐ(お￩よ￩ぐ) 헤엄치다, 수영하다

入る(は￩いる) 들어가다

分かる(わ￩か￩る) 이해하다

飲む(の￩む) 마시다

知る(し￩る) 알다

消す(け￩す) 끄다

呼ぶ(よ￩ぶ) (사람을) 부르다

走る(は￩し￩る) 뛰다, 달리다

起きる(お￩き￩る) 일어나다

会う(あ￩う) 만나다

食べる(た￩べ￩る) 먹다

い￩る 있다(사람, 동물)

乗る(の￩る) 타다

作る(つ￩く￩る) 만들다

働く(は￩たらく) 일하다

待つ(ま￩つ) 기다리다

聞く(き￩く) 듣다, 묻다

来る(く￩る) 오다

撮る(と￩る) (사진을) 찍다

読む(よ￩む) 읽다

帰る(か￩える) 돌아오다, 돌아가다

話す(は￩な￩す) 이야기하다

遊ぶ(あ￩そぶ) 놀다

切る(き￩る) 자르다

見る(み￩る) 보다

死ぬ(し￩ぬ) 죽다

行く(い￩く) 가다

寝る(ね￩る) 자다

買う(か￩う) 사다

あ￩る 있다(사물, 식물)

降りる(お￩り￩る) 내리다

休む(や￩す￩む) 쉬다

吸う(す￩う) 들이마시다, (담배를) 피우다

문형연습

I 다음 문형을 예문과 같이 완성해 봅시다.

1 동사의 ます형

> 예) きく(聞く) ➡ きき ます

① かく(書く) ➡ _____
② かう(買う) ➡ _____
③ およぐ(泳ぐ) ➡ _____
④ あう(会う) ➡ _____
⑤ のむ(飲む) ➡ _____
⑥ みる(見る) ➡ _____
⑦ する ➡ _____
⑧ ねる(寝る) ➡ _____
⑨ くる(来る) ➡ _____
⑩ わかる(分かる) ➡ _____
⑪ まつ(待つ) ➡ _____
⑫ あそぶ(遊ぶ) ➡ _____
⑬ とる(撮る) ➡ _____
⑭ しぬ(死ぬ) ➡ _____
⑮ はなす(話す) ➡ _____
⑯ かえる(帰る) ➡ _____
⑰ たべる(食べる) ➡ _____
⑱ きる(切る) ➡ _____
⑲ つくる(作る) ➡ _____
⑳ はいる(入る) ➡ _____

2 〜に行きます

> 예) お酒を飲む ➡ お酒を飲みに行きます。

① ごはんを食べる ➡ _____
② 映画を見る ➡ _____
③ 友達に会う ➡ _____

❹ 勉強をする ➡ _____

❺ 牛肉（ぎゅうにく）を買う ➡ _____

3 ～には何をしますか

> 예 土曜日・洗濯をする ➡ A 土曜日には何をしますか。
> 　　　　　　　　　　　　B 洗濯をします。

❶ 日曜日・映画を見る ➡ _____

❷ 月曜日・学校に行く ➡ _____

❸ 水曜日・お酒を飲む ➡ _____

❹ 週末・デートをする ➡ _____

❺ 夏休み・アルバイトをする ➡ _____

Ⅱ 다음 일본어를 한국어로, 한국어를 일본어로 고쳐 봅시다.

❶ 土曜日には友達とお酒を飲みに行きます。
➡ _____

❷ 日曜日は家でゴロゴロします。
➡ _____

❸ 주말에는 친구를 만납니다.
➡ _____

❹ 아침 9시에 수업이 있습니다.
➡ _____

새로운 단어

ごはん 밥　　牛肉(ぎゅうにく) 쇠고기　　デート 데이트

회화연습

🎧 track 32

1 (　　) 안에 적당한 조사를 넣어 대화를 완성해 봅시다.

❶ A 朝ごはんは何(　　)食べますか。
　 B パン(　　)食べます。

❷ A 朝何時(　　)起きますか。
　 B ６時(　　)起きます。

❸ A 土曜日も学校(　　)行きますか。
　 B いいえ、土曜日は休みです。

❹ A 週末には何(　　)しますか。
　 B 友達(　　)映画(　　)見(　　)行きます。

❺ A どこ(　　)勉強しますか。
　 B 図書館(　　)勉強します。

2 보기의 단어를 사용하여 예문과 같이 말해 봅시다.

> A 土曜日には何をしますか。
>   ⓐ
>
> B 洗濯をします。
>   ⓑ

보기

ⓐ
| 月曜日 | 火曜日 | 水曜日 | 木曜日 |
| 金曜日 | ~~土曜日~~ | 日曜日 | |

ⓑ
洗濯をする　　友達と遊ぶ　　テレビを見る
掃除をする　　料理を作る　　絵を描(か)く
歌(うた)を歌う　　本を読む　　勉強をする

새로운 단어

朝ごはん(あ˥さご˩はん) 아침밥　　描く(か˥く) 그리다　　歌う(う˥たう) 노래하다

응용연습

track 33

- 예문과 같이 서로 일주일간의 스케줄을 말해 봅시다.

> 예
> A 週末には何をしますか。
> B 日本語の勉強をします。
> A 先週の週末は何をしましたか。
> B 友達と映画を見に行きました。

		あなた	～さん	～さん
月曜日	今週			
	先週			
火曜日	今週			
	先週			
水曜日	今週			
	先週			
木曜日	今週			
	先週			
金曜日	今週			
	先週			
土曜日	今週			
	先週			
日曜日	今週			
	先週			

한자연습

毎 まい	毎	毎			
日 にち・ひ	日	日			
週 しゅう	週	週			
末 まつ・すえ	末	末			
料 りょう	料	料			
理 り	理	理			
作 さく・つく(る)	作	作			
見 けん・み(る)	見	見			
飲 いん・の(む)	飲	飲			
買 ばい・か(う)	買	買			

09 週末には何をしますか

10 映画を見に行きませんか

기무라와 박민지가 영화 보러 갈 약속을 잡고 있다.

朴 　木村さん、今週の日曜日に映画を見に行きませんか。

木村　いいですね。何かおもしろい映画はありますか。

朴 　ええ、韓国映画の『お金がほしい！』はいかがですか。
　　　今、人気がありますよ。

木村　あ、それ。見たい、見たい。見たかったです。

朴 　じゃ、映画のチケットを予約しましょう。
　　　日曜日は混みますから。

木村　そうですね。じゃ、午後がいいなぁ。
　　　午前は家でゆっくりしたいから。

朴 　 では、午後1時にしましょう。

　　　待ち合わせはどこにしましょうか。

木村　さくらデパートの前のマクドナルドはどうですか。

朴 　 わかりました。映画はポップコーンを食べながら

　　　見るのもいいですね。

木村　そうですね。楽しみですね。

새로운 단어

何か(な「にか) 무엇인가　　い「か」がです「か 어떠십니까?　　人気(に「ん き) 인기
予約する(よ「やくする) 예약하다　　混む(こ「む) 붐비다　　～なぁ ~구나(종조사)
ゆ「っく」り 천천히, 여유 있게　　待ち合わせ(ま「ちあわせ) (시일, 장소를 정해 놓고) 상대를 기다림, 만나기로 함
ポ「ップコ」ーン 팝콘　　楽しみ(た「のしみ) 기대, 즐거움

문법해설

1. 때에 관한 표현

おととい 一昨日	그저께	きのう 昨日	어제	きょう 今日	오늘	あした 明日	내일	あさって 明後日	모레
せんせんしゅう 先々週	지지난주	せんしゅう 先週	지난주	こんしゅう 今週	이번 주	らいしゅう 来週	다음 주	さらいしゅう 再来週	다음다음 주
せんせんげつ 先々月	지지난달	せんげつ 先月	지난달	こんげつ 今月	이번 달	らいげつ 来月	다음 달	さらいげつ 再来月	다음다음 달
おととし 一昨年	재작년	きょねん 去年	작년	ことし 今年	올해	らいねん 来年	내년	さらいねん 再来年	내후년
まいにち 毎日	매일	まいしゅう 毎週	매주	まいつき まいげつ 毎月/毎月	매월	まいとし 毎年	매년		

2. 동사의 ます형 + ませんか ~하지 않겠습니까?

상대방에게 권유할 때 쓰이는 표현이다. 동사의 ます형＋ましょう보다 상대방의 의향을 존중하는 표현이다.

- 예) いっしょに食べませんか。／ いっしょに行きませんか。

3. 동사의 ます형 + ましょう ~합시다

말하는 사람의 의지를 나타내는 표현으로 상대방에게 적극적으로 권유할 때 쓰인다. 상대방이 그 권유를 받아 들일 가능성이 높을 때 사용하는 편이 좋다.

- 예) いっしょに歌いましょう。／ 写真を撮りましょう。

4. 동사의 ます형 + ましょうか ~할까요?

상대방의 의견을 물어볼 때 사용하는 표현이다.

- 예) どこに行きましょうか。／ 5時に帰りましょうか。

5　동사의 ます형 + たい　　　　　　　　　　　　　　　　　　　～하고 싶다

～たい는 동사의 ます형에 붙어서 희망을 나타낸다. たい 앞에는 조사 を나 が가 오며, 직접적인 욕구를 나타낼 경우에는 を를 が로 바꿀 수 있다. 「～たいんですが」는 '～하고 싶습니다만'의 뜻으로 완곡한 희망을 나타내거나 허가를 구할 때 사용한다.

- 예　映画が(を)見たい。
　　　お水が(を)飲みたい。

6　동사의 ます형 + ながら　　　　　　　　　　　　　　　　　　　～하면서

동사의 ます형에 ながら를 붙이면 두 가지 동작이 함께 병행, 계속되고 있음을 나타내는 표현이 된다.

- 예　音楽を聞きながら勉強します。
　　　コーヒーを飲みながら友達と話します。

7　～か　　　　　　　　　　　　　　　　　　　　　　　　　　　　～인가?

「의문사＋か」는 불특정 대상과 때, 장소를 나타낸다.

- 예　何か飲みますか。
　　　どこかへ行きますか。

8　동사 + の　　　　　　　　　　　　　　　　　　　　　　　　　　～것

동사 뒤에 오는 ～の는 형식명사로, '～것'이라는 의미로 쓰인다.

- 예　ミュージカルを見るのは大好きです。
　　　歯医者に行くのはいやです。

새로운 단어

お水(お みず) 물　　ミュージカル 뮤지컬　　歯医者(は いしゃ) 치과 의사
いやだ 싫다, 하고 싶지 않다

문형연습

I 다음 문형을 예문과 같이 완성해 봅시다.

1 ～ましょう

> 예) いっしょにお酒を飲む ➡ いっしょにお酒を飲みましょう。

❶ いっしょに日本に行く ➡ _____

❷ いっしょにごはんを食べる ➡ _____

❸ いっしょに車を洗う ➡ _____

❹ いっしょに映画を見る ➡ _____

❺ いっしょに歌を歌う ➡ _____

2 ～たい

> 예) 水を飲む ➡ 水が飲みたい。

❶ 映画を見る ➡ _____

❷ からいものを食べる ➡ _____

❸ 日本に行く ➡ _____

❹ かれしに会う ➡ _____

❺ ゲームをする ➡ _____

3 ～ながら

> 예) 音楽を聞く・勉強する ➡ 音楽を聞き<u>ながら</u>勉強します。

❶ たばこを吸う・お酒を飲む ➡ _____

❷ ピアノを弾く・歌を歌う ➡ _____

❸ 歌を歌う・踊る ➡ _____

❹ 本を読む・バスを待つ ➡ _____

❺ テレビを見る・勉強する ➡ _____

Ⅱ 다음 일본어를 한국어로, 한국어를 일본어로 고쳐 봅시다.

❶ 待ち合わせはどこにしましょうか。
  ➡ _____

❷ 日曜日は混みますから。
  ➡ _____

❸ 담배를 피우면서 술을 마십니다.
  ➡ _____

❹ 함께 영화를 보러 가지 않겠습니까?
  ➡ _____

새로운 단어

洗う(あらう) 씻다　も の 것, 물건　た ばこ 담배　吸う(すう) 피우다　ピアノ 피아노
弾く(ひく) (피아노, 기타 등을) 치다　踊る(おどる) 춤추다

회화연습

🔊 track 35

1 그림을 보고 예문과 같이 말해 봅시다.

> 예 A 今週の日曜日いっしょに<u>ソウルに行きませんか</u>。
> B¹ いいですね。
> B² 今週の日曜日はちょっと……。

ソウルに行く

❶
映画を見る

❷
海で泳ぐ

❸
図書館で勉強する

❹
韓国料理を食べる

❺
スキーに行く

❻
山に登る

2 그림을 보고 예문과 같이 말해 봅시다.

> 예
> A 木村さんは、今何がしたいですか。
> B 私は今<u>ゲームがしたい</u>です。

ゲームをする

❶
料理を作る

❷
食べ物を食べる

❸
飲み物を飲む

❹
アルバイトをする

❺
歌を歌う

❻
日本のドラマを見る

새로운 단어

ス「キ」ー 스키　　登る(の「ぼ」る) 오르다

응용연습

🔊 track 36

● 예문과 같이 친구와 대화한 후 빈칸을 채워 봅시다.

> A 朴さんは今一番したいことは何ですか。
>   　　　　　ⓐ　　　　　　ⓑ
> B そうですね。私は映画が見たいです。

質問		あなた	～さん	～さん
ⓐ	ⓑ			
今一番食べたいもの	何			
今一番飲みたいもの	何			
今一番会いたいひと	誰			
今一番見たい映画	何			
今一番行きたいところ	どこ			
今一番勉強したい外国語	何			
今一番したいこと	何			

새로운 단어

こと 일, 것(추상적)　　**外国語**(がいこくご) 외국어

한자연습

今 こん・いま					
予 よ					
約 やく					
混 こん・こ(む)					
後 ご・うし(ろ)					
待 たい・ま(つ)					
合 ごう・あ(う)					
楽 がく・たの(しい)					
友 ゆう・とも					
達 たつ					

11 どこに住んでいますか

track 37

기무라가 박민지의 친구인 김민호와 이야기하고 있다.

木村　金さんは、どこに住んでいますか。

金　　私は仁川(インチョン)に住んでいます。

木村　けっこう遠いですね。

金　　ええ、それに朝は日本語の塾で1時間勉強してから大学に来ます。

木村　じゃ、朝はたいへんでしょう。

　　　大学まではどのくらいかかりますか。

金　　バスで1時間30分ぐらいかかります。

木村　えっ、1時間30分も。バスの中でいつも何をしますか。

金　　よく携帯電話で音楽を聞きますね。

木村　そうですか。ところで仁川はどんなところですか。

金　　景色もきれいでいいところですよ。
　　　一度遊びに来てください。

木村　じゃ、こんど遊びに行きますよ。
　　　案内してくださいね。

金　　いつでもどうぞ。
　　　待っていますよ。

새로운 단어

住む(すむ) 살다　　仁川(インチョン) 인천　　けっこう 꽤, 상당히　　遠い(とおい) 멀다
それに 게다가　　日本語の塾(にほんごのじゅく) 일본어 학원　　たいへん 힘듦, 큰일임
どのくらい 어느 정도　　かかる 걸리다　　～で ~로(수단)　　よく 자주
携帯電話(けいたいでんわ) 휴대전화　　聞く(きく) 듣다, 묻다　　ところで 그런데
景色(けしき) 경치　　一度(いちど) 한 번　　案内する(あんないする) 안내하다
いつでも 언제라도

문법해설

1 동사의 て형

동사의 て형은 '~하고, ~해서'라는 의미로 다음과 같이 활용한다. 1그룹동사에서는 발음하기 편하도록 음이 다른 음으로 바뀌는 음편 현상이 일어난다.

▶ **동사의 て형 만들기**

1그룹동사

음편형

1) イ음편

어미가 く로 끝나는 동사는 い로 바꾸고 て (く → いて)
어미가 ぐ로 끝나는 동사는 い로 바꾸고 で (ぐ → いで)

- 예) かく → かいて 쓰고, 써서   およぐ → およいで 헤엄치고, 헤엄쳐서
- 예외) いく 가다 → いって (行って) 가고, 가서

2) 촉음편

어미가 う, つ, る로 끝나는 동사는 っ로 바꾸고 て (う, つ, る → って)

- 예) かう → かって 사고, 사서   まつ → まって 기다리고, 기다려서
- とる → とって 찍어서, 찍고 (사진 등)

3) 발음편

어미가 ぬ, ぶ, む로 끝나는 동사는 ん로 바꾸고 で (ぬ, ぶ, む → んで)

- 예) しぬ → しんで 죽고, 죽어서   あそぶ → あそんで 놀고, 놀아서
- のむ → のんで 마시고, 마셔서

주의) 기본형이 す로 끝나는 동사는 음편 현상이 일어나지 않는다.

- 예) はなす → はなして (話して) 이야기하고, 이야기해서

2그룹동사

어미 る를 없애고 て를 붙인다.

- 예) みる → みて 보고, 봐서   たべる → たべて 먹고, 먹어서

3그룹동사

- 예) する → して 하고, 해서   くる → きて (来て) 오고, 와서

2 ～ています　　　　　　　　　　　　　　　　～하고 있습니다

동사의 て형에 ～います를 접속하면 '～하고 있습니다'의 뜻으로 동작의 진행, 상태, 결과, 현재의 습관을 나타낸다.

- 예) 木村さんが水を飲んでいます。(진행)

　　今テレビを見ています。(진행)

　　私は東京に住んでいます。(상태)

3 ～てから　　　　　　　　　　　　　　　　　～하고 나서

동사의 て형에 ～から를 접속하면 '～하고 나서, ～한 후에'의 뜻으로 하나의 동작이 끝난 후 다음 동작이 일어날 때 쓰이는 표현이다.

- 예) ごはんを食べてから歯をみがきます。

　　宿題をしてから友達と遊びます。

4 ～てください　　　　　　　　　　　　　　　～해 주세요

동사의 て형에 ～ください를 접속하면 '～해 주세요'의 뜻으로 부탁이나 가벼운 명령의 표현이 된다. 친한 사이에서는 ください를 생략하기도 한다.

- 예) ちょっと見せてください。

　　日本語を教えてください。

새로운 단어

歯(は) 이　　みがく 닦다　　見せる(みせる) 보이다　　教える(おしえる) 가르치다

문형연습

I 다음 문형을 예문과 같이 완성해 봅시다.

1 동사의 て형

	〜て형		〜て형
예 書く	書いて	見る	見て
聞く		起きる	
急ぐ		寝る	
飲む		食べる	
遊ぶ		来る	
死ぬ		する	
買う		行く	
待つ		入る	
撮る		知る	
座る		切る	
話す		走る	
貸す		帰る	

2 〜ています

> 예 バスを待つ ➡ バスを待っています。

❶ お酒を飲む ➡ _____

❷ 手紙を書く ➡ _____

❸ 写真を撮る ➡ _____

❹ テレビを見る ➡ _____

❺ 宿題をする ➡ _____

3 ～てから

> 예　ごはんを食べる・歯をみがく
> → ごはんを食べてから、歯をみがきます。

❶ テレビを見る・おふろに入る　➡ _____

❷ ごはんを食べる・くだものを食べる　➡ _____

❸ おさらを洗う・コーヒーを飲む　➡ _____

❹ シャワーをあびる・ビールを飲む　➡ _____

❺ お酒を飲む・ラーメンを食べる　➡ _____

II 다음 일본어를 한국어로, 한국어를 일본어로 고쳐 봅시다.

❶ 一度遊びに来てください。
　➡ _____

❷ ごはんを食べてから歯をみがきましょう。
　➡ _____

❸ 대학까지는 어느 정도 걸립니까?
　➡ _____

❹ 전철로 2시간 40분 정도 걸립니다.
　➡ _____

새로운 단어

急ぐ(いそぐ) 서두르다　知る(しる) 알다　座る(すわる) 앉다　走る(はしる) 뛰다, 달리다
貸す(かす) 빌려 주다　おさら 접시　シャワー 샤워　あびる (물을) 뒤집어쓰다, (햇빛을) 쬐다
ラーメン 라면　電車(でんしゃ) 전철

회화연습

🔊 track 38

1 그림을 보고 예문과 같이 말해 봅시다.

> 예
> A 私はテレビを見てから勉強します。
> 朴さんは。
> B 私は勉強してからテレビを見ます。

テレビを見る → 勉強する

❶

朝ごはんを食べる → 歯をみがく

❷

髪を洗う → 体を洗う

❸

宿題する → 友達と遊ぶ

❹

本を読む → 映画を見る

❺

水を飲む → 薬を飲む

❻

温泉に入る → ビールを飲む

2 그림을 보고 예문과 같이 말해 봅시다.

예
A すみませんが、写真を撮ってください。
B はい。いいですよ。
A ありがとうございます。

写真を撮る

❶
お金を貸す

❷
日本語を教える

❸
寒いので窓をしめる

❹
暗いので電気をつける

❺
もう少しゆっくり話す

❻
忙しいので手伝う

새로운 단어

髪(か「み」) 머리카락　体(か「らだ) 몸　薬(く「すり) 약　温泉(お「んせん) 온천　し「め」る 닫다
暗い(く「らい) 어둡다　電気(で「んき) 전기　つ「け」る 켜다　手伝う(て「つだ」う) 도와주다

응용연습

- 그림을 보고 각 등장인물들이 무엇을 하고 있는지 말해 봅시다.

한자연습

漢字						
遠 えん・とお(い)	遠	遠				
朝 ちょう・あさ	朝	朝				
来 らい・く(る)	来	来				
中 ちゅう・なか	中	中				
音 おん・おと	音	音				
聞 ぶん・き(く)	聞	聞				
度 ど	度	度				
歯 し・は	歯	歯				
髪 はつ・かみ	髪	髪				
窓 そう・まど	窓	窓				

11 どこに住んでいますか

12 おふろに入ってもいいですか

◎ track 39

감기에 걸린 박민지가 병원에 가서 진찰을 받고 있다.

看護士　はい。次のかた、入ってください。

医者　　今日はどうしましたか。

朴　　　きのうからちょっと熱があるんですが、
　　　　診てくださいませんか。

医者　　じゃ、口をあけてください。

朴　　　あー。

医者　　のどがはれていますね。おなかはいたくありませんか。

朴　　　おなかはいたくないんですが、
　　　　せきが出て鼻水が止まりません。

医者　　かぜですね。じゃ、薬を出しましょう。

朴　　　あの、おふろに入ってもいいですか。

医者　　いいえ、今日は入ってはいけません。

　　　　もっとひどくなりますよ。

朴　　　はい。わかりました。

医者　　じゃ、お大事(だいじ)に。

朴　　　ありがとうございました。

새로운 단어

お ふろ 목욕　　看護士(かんごし) 간호사　　次(つぎ) 다음　　熱(ねつ) 열
診る(みる) 진찰하다　　口(くち) 입　　あける 열다　　のど 목(구멍)　　はれる 붓다
お なか 배　　い たい 아프다　　せ き 기침　　出る(でる) 나오다, 나가다
鼻水(はなみず) 콧물　　止まる(とまる) 멈추다　　か ぜ 감기　　出す(だす) 내다
も っと 더욱　　ひ ど い 심하다　　お大事に(おだいじに) 몸조심 하세요

문법해설

1　～てもいいです　　　　　　　　　　　　　　　　　　　　　～해도 됩니다

동사의 て형에 ～てもいいです가 오면 상대방의 동작, 행위에 대한 허락을 나타내는 표현이 된다.

- 예　本を借りてもいいです。 / おふろに入ってもいいですか。

2　～てはいけません　　　　　　　　　　　　　　　　　　　～해서는 안 됩니다

상대방의 동작, 행위에 대한 강한 금지 표현이다. 회화체에서는 ～ては를 ～ちゃ로 줄여서 말할 수 있다.

- 예　ここで写真を撮ってはいけません。
  A : おふろに入ってもいいですか。
  B : いいえ、まだおふろに入ってはいけません。

3　～んです　　　　　　　　　　　　　　　　　　　　　　　　　　　　～입니다

～んです는 상대방이 자기의 상황을 알아 주었으면 하는 바람을 나타낼 때 또는 상대방에게 자신의 의견을 주장할 때에 사용하는 표현이다.

- 예　ちょっと熱があるんですが。 / あたまがいたいんです。
  彼のことが好きなんです。

4　～てくださいませんか　　　　　　　　　　　　　～해 주시지 않겠습니까?

말하는 사람에게 이익이 되는 행위와 동작을 상대방에게 정중하게 의뢰하는 표현이다.

- 예　すみませんが、日本語を教えてくださいませんか。
  すみませんが、もう一度説明してくださいませんか。

5 ～くなる/になる　　　　　　　　　　　　　　～하게 되다

「イ형용사 어간+くなる, ナ형용사 어간+になる, 명사+になる」의 형태로 '～하게 되다'의 뜻이다.

예 おなかがいたくなる。(イ형용사)

　　かおが赤くなる。(イ형용사)

　　朴さんは、元気になりました。(ナ형용사)

　　もうすぐ春になります。(명사)

신체 명칭

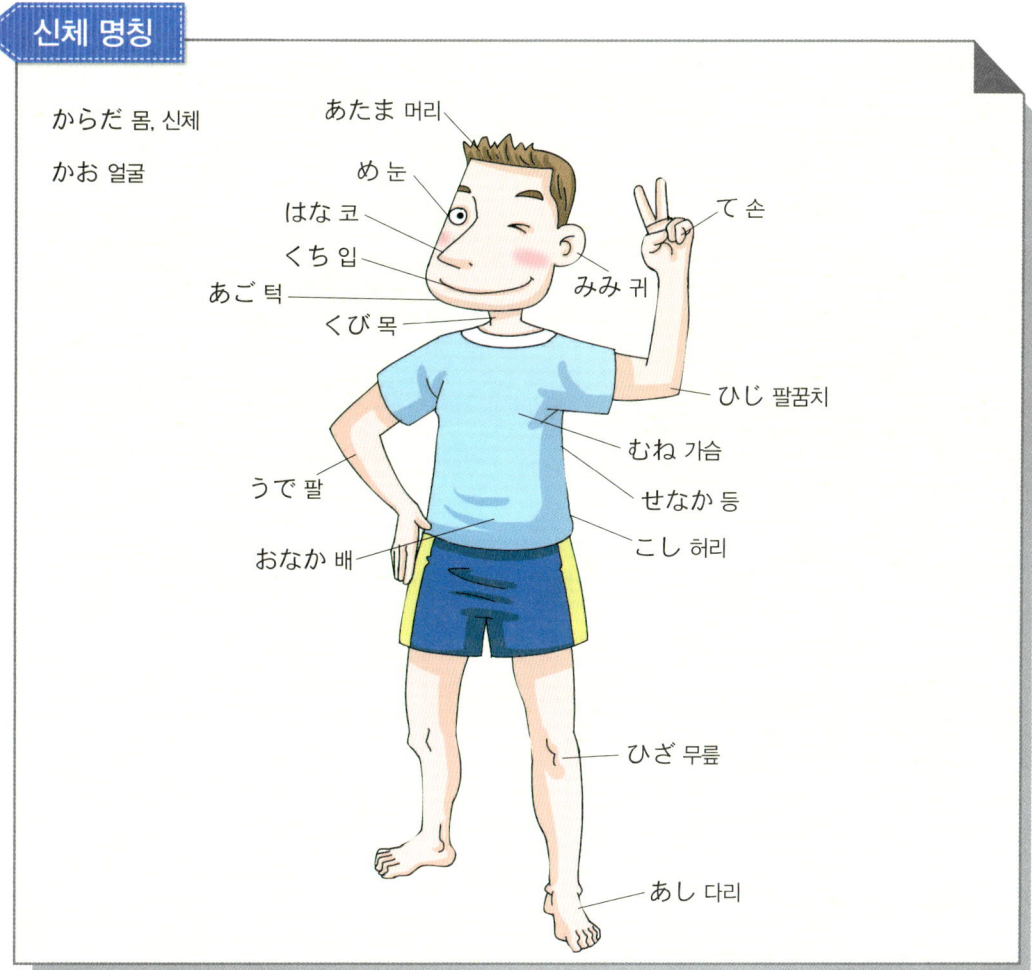

からだ 몸, 신체
かお 얼굴
あたま 머리
め 눈
はな 코
くち 입
あご 턱
くび 목
て 손
みみ 귀
ひじ 팔꿈치
むね 가슴
せなか 등
こし 허리
うで 팔
おなか 배
ひざ 무릎
あし 다리

새로운 단어

借りる(か「りる) 빌리다　　あ「たま」 머리　　説明(せ「つめい) 설명　　か「お 얼굴

문형연습

I 다음 문형을 예문과 같이 완성해 봅시다.

1 ～てもいいです

> 예 写真を撮る ➡ 写真を撮ってもいいです。

❶ おふろに入る ➡ ＿＿＿＿＿＿＿＿＿＿＿＿＿＿＿＿

❷ 日本語で話す ➡ ＿＿＿＿＿＿＿＿＿＿＿＿＿＿＿＿

❸ 本を読む ➡ ＿＿＿＿＿＿＿＿＿＿＿＿＿＿＿＿

❹ たばこを吸う ➡ ＿＿＿＿＿＿＿＿＿＿＿＿＿＿＿＿

❺ パーティーに来る ➡ ＿＿＿＿＿＿＿＿＿＿＿＿＿＿＿＿

2 ～てはいけません

> 예 写真を撮る ➡ 写真を撮ってはいけません。

❶ おふろに入る ➡ ＿＿＿＿＿＿＿＿＿＿＿＿＿＿＿＿

❷ たばこを吸う ➡ ＿＿＿＿＿＿＿＿＿＿＿＿＿＿＿＿

❸ 教科書を見る ➡ ＿＿＿＿＿＿＿＿＿＿＿＿＿＿＿＿

❹ ごみを捨てる ➡ ＿＿＿＿＿＿＿＿＿＿＿＿＿＿＿＿

❺ 赤信号で渡る ➡ ＿＿＿＿＿＿＿＿＿＿＿＿＿＿＿＿

3 ～くなる・～になる

> 예 赤い ➡ 赤くなる。
> 静かだ ➡ 静かになる。

❶ 強(つよ)い ➡ _____

❷ 有名だ ➡ _____

❸ おもしろい ➡ _____

❹ 好きだ ➡ _____

❺ 冬 ➡ _____

II 다음 일본어를 한국어로, 한국어를 일본어로 고쳐 봅시다.

❶ 今日は、おふろに入ってはいけません。
➡ _____

❷ ちょっと熱があるんですが、診てくださいませんか。
➡ _____

❸ 교과서를 봐도 좋습니다.
➡ _____

❹ 더 심해집니다.
➡ _____

새로운 단어

パーティー 파티　　ご「み」 쓰레기　　捨てる(す「てる) 버리다　　赤信号(あ「かし」んごう) 빨간 신호
渡る(わ「たる) 건너다　　強い(つ「よ」い) 강하다, 세다

회화연습

🔊 track 40

1 그림을 보고 아래의 보기에서 적당한 말을 골라 예문과 같이 말해 봅시다.

예
A　ここでお酒を飲んでもいいですか。
B¹　はい、かまいませんよ。
B²　いいえ、飲んではいけません。

❶ 　　　　❷

❸ 　　　　❹

❺ 　　　　❻

보기

| ここでお酒を飲む | 早く家に帰る | ここで泳ぐ | たばこを吸う |
| 夜(よるおそ)く電話(でんわ)する | 明日(あした)も遊びに来る | 友達(ともだち)を招待(しょうたい)する |

2 그림을 보고 아래의 보기에서 적당한 말을 골라 예문과 같이 말해 봅시다.

예
1. A 最近寒くなりましたね。
   B ええ、本当に寒くなりましたね。

2. A 最近元気になりましたね。
   B ええ、元気になりました。

❶  ❷

❸  ❹

❺  ❻

보기

| 寒い | 元気だ | 背が高い | コンピューターが安い |
| 日本語が上手だ | きれいだ | 空気がきたない | あたたかい |

새로운 단어

か**まいませ**んよ 상관없어요　　夜(よ**る**) 밤　　遅く(お**そ**く) 늦게
電話する(で**んわする**) 전화하다　　明日(あ**した**) 내일　　招待する(しょ**うたいする**) 초대하다
最近(さ**いきん**) 최근, 요즘　　本当に(ほ**んとうに**) 정말로　　背(せ**い**) 키　　空気(く**うき**) 공기

응용연습

● 모두 함께 ～てもいいですか, ～てはいけません을 사용하여 한국과 일본의 매너에 대해 말해 봅시다.

	韓国	日本
目上の人の前でたばこを吸う。 (윗사람 앞에서 담배를 피우다.)		
目上の人の前でお酒を飲む。 (윗사람 앞에서 술을 마시다.)		
味噌汁の中にごはんを入れて食べる。 (된장국에 밥을 말아 먹다.)		
茶碗を持って、ごはんを食べる。 (밥그릇을 들고 밥을 먹다.)		
はしからはしにおかずを渡す。 (젓가락에서 젓가락으로 반찬을 건네다.)		
トイレの紙を便器に捨てる。 (화장실 휴지를 변기에 버리다.)		
ごみ箱の中にたばこの吸殻を捨てる。 (쓰레기통에 담배꽁초를 버리다.)		
食堂にお菓子などを持ち込んで食べる。 (식당에 과자 등을 가져 가서 먹다.)		
食べる時に片膝を立てる。 (먹을 때 한쪽 무릎을 세워서 앉다.)		

한자연습

次 じ・つぎ						
熱 ねつ・あつ(い)						
鼻 び・はな						
水 すい・みず						
説 せつ						
明 めい・あか(るい)						
帰 き・かえ(る)						
夜 や・よる						
招 しょう・まね(く)						
待 たい・ま(つ)						

13 宿題をしたり、レポートを書いたりします

track 41

기무라와 박민지가 영화 관람 전후로 무엇을 할지 이야기하고 있다.

朴　　木村さん、映画のチケットを予約しましたよ。
　　　１時５０分からのです。

木村　ありがとうございます。
　　　じゃ、映画を見る前に昼ごはんでも食べましょうか。

朴　　そうですね。木村さんはからいものは大丈夫ですか。

木村　ええ、大好きですよ。

朴　　じゃ、キムチチゲが安くておいしい店があるんですが、
　　　そこはどうですか。

木村　いいですね。そうしましょう。

朴　　ところで木村さんは、午前は何をしますか。

木村　　今週は宿題がたくさんあるので、宿題をしたりレポートを書いたりします。

朴　　　あー、そうですか。実は日本語の翻訳のレポートがあるんですが、それを見てくださいませんか。

木村　　じゃ、映画を見た後で、いっしょにしましょうか。

朴　　　ありがとうございます。

새로운 단어

レポート 리포트　　～でも ~라도　　キムチチゲ 김치찌개　　実は(じつは) 실은
翻訳(ほんやく) 번역　　後で(あとで) ~한 후에

문법해설

1 동사의 た형

동사의 た형은 과거형의 표현으로, 활용은 동사의 て형과 동일하다. 동사의 て형에 て를 빼고 た를 넣으면 된다.

▶ 동사의 た형 만들기

1그룹동사 동사의 て형과 같이 음편 현상이 일어난다.

   く → いた ぐ → いだ

  예 かく → かいた 썼다 およぐ → およいだ 수영했다

   う、つ、る → った

  예 かう → かった 샀다 まつ → まった 기다렸다

   とる → とった 찍었다

   ぬ、ぶ、む → んだ

  예 しぬ → しんだ 죽었다 あそぶ → あそんだ 놀았다

   のむ → のんだ 마셨다

   す → した

  예 はなす → はなした 이야기했다

2그룹동사 る를 없애고 た를 붙인다.

  예 みる → みた 보았다 たべる → たべた 먹었다

3그룹동사 불규칙하게 변한다.

  예 する → した 했다 くる → きた 왔다

2 ～でも

~라도

～でも는 '～이라도, ～이나'의 뜻으로 다른 적당한 것이 있으면 그것도 좋다는 의미를 나타낸다.

  예 昼ごはんでも食べましょうか。

   テレビでも見ましょう。

3 〜たり〜たりします　　　〜하기도 하고 〜하기도 합니다

〜たり는 여러 가지 동작이나 상태를 나열할 때 또는 다른 동작이나 상태가 반복된다는 의미를 나타낸다.「イ형용사 과거형＋たり, ナ형용사 과거형＋たり, 동사의 과거형＋たり」의 형태로 접속한다. 〜たりします(하기도 합니다)처럼 한 번만 써서 대표적인 동작을 나타내기도 한다.

- 掃除をしたり、洗濯をしたりします。

  お酒を飲んだり、たばこを吸ったりします。

4 〜る前に・〜た後で　　　〜하기 전에・〜한 후에

〜る前に는「동사의 기본형＋前に, 명사＋の＋前に」의 형태로, 〜た後で는「동사의 た형＋後で, 명사＋の＋後で」의 형태로 접속하여, 각각 앞뒤의 시간 관계를 나타낸다.

- ごはんを食べる前に手を洗います。

  ごはんを食べた後で歯をみがきます。

  授業の前に、宿題を出しました。

5 〜ので　　　〜이기 때문에

〜ので는 앞 문장이 뒤에 오는 문장의 이유가 될 때 사용하는 표현이다. 부드럽고 정중한 느낌으로 행동에 대한 상황의 이유를 설명할 때 쓰인다.「명사＋なので, イ형용사＋ので, ナ형용사 어간＋なので, 동사＋ので」로 접속한다.

- 机の上にあるので、自由に取ってください。

  おなかがいたいので、家に帰ってもいいですか。

  今日は日曜日なので学校は休みです。

  彼は有名なので誰でも知っています。

문형연습

Ⅰ 다음 문형을 예문과 같이 완성해 봅시다.

1 ～でも～ませんか

> 예) コーヒー・飲む ➡ コーヒーでも飲みませんか。

❶ 映画・見る ➡ ＿＿＿＿＿＿＿＿＿＿＿＿＿＿＿＿

❷ お菓子・食べる ➡ ＿＿＿＿＿＿＿＿＿＿＿＿＿＿

❸ 山・登る ➡ ＿＿＿＿＿＿＿＿＿＿＿＿＿＿＿＿＿

❹ 写真・撮る ➡ ＿＿＿＿＿＿＿＿＿＿＿＿＿＿＿＿

❺ 散歩・する ➡ ＿＿＿＿＿＿＿＿＿＿＿＿＿＿＿＿

2 ～たり～たりします

> 예) 掃除をする・洗濯をする
> ➡ 掃除をしたり洗濯をしたりします。

❶ ケーキを食べる・コーヒーを飲む ➡ ＿＿＿＿＿＿

❷ 新聞を読む・テレビを見る ➡ ＿＿＿＿＿＿＿＿＿

❸ 手紙を書く・電話をかける ➡ ＿＿＿＿＿＿＿＿＿

❹ 友達に会う・ゴロゴロする ➡ ＿＿＿＿＿＿＿＿＿

❺ お酒を飲む・たばこを吸う ➡ ＿＿＿＿＿＿＿＿＿

3 〜る前に・〜た後で

> 例） ごはんを食べる・前 ➡ ごはんを食べる前に
> ごはんを食べる・後 ➡ ごはんを食べた後で

❶ 手を洗う・前 ➡ _____
❷ 日本語を習う・前 ➡ _____
❸ 結婚する・前 ➡ _____
❹ 切手をはる・後 ➡ _____
❺ ボタンを押す・後 ➡ _____

Ⅱ 다음 일본어를 한국어로, 한국어를 일본어로 고쳐 봅시다.

❶ 実は日本語の翻訳のレポートがあるんですが。
➡ _____

❷ 木村さんは、からいものは大丈夫ですか。
➡ _____

❸ 산에 오르기도 하고 바다에서 헤엄치기도 합니다.
➡ _____

❹ 커피라도 마시지 않겠습니까?
➡ _____

새로운 단어

散歩(さ「んぽ) 산책　**新聞**(し「んぶん) 신문　**手**(て) 손　**習う**(な「ら」う) 배우다
結婚(け「っこん) 결혼　**切手**(き「って) 우표　**は「る** 붙이다　**ボ「タン** 버튼　**押す**(お「す) 누르다

회화연습

🔘 track 42

1 그림을 보고 예문과 같이 말해 봅시다.

> 예　A 李さん、日曜日には何をしますか。
> 　　B 買い物をしたり映画を見たり
> 　　　します。
>
> （日曜日）
> 　
> 買い物をする　映画を見る

❶ （冬休み）

アルバイトをする　日本語の勉強をする　本を読む　テレビを見る

❷ （週末）

❸ （クリスマス）

料理を作る　ケーキを食べる　ハンバーガーを食べる　パーティーをする

❹ （たんじょうび）

❺ （休み）

遅くまで寝る　山に登る　自由に作ってください。

❻ （お正月）

2 보기의 ⓐ와 ⓑ를 자유롭게 연결하여 예문과 같이 말해 봅시다.

예
A 金さんは、ごはんを食べる前に何をしますか。
　　　　　　　ⓐ
B 私はごはんを食べる前に手を洗います。
　　　ⓐ　　　　　　ⓑ
そして、ごはんを食べた後で歯をみがきます。
　　　　ⓐ　　　　　　ⓑ

보기

ⓐ
~~ごはんを食べる~~
大学に入学する
でかける
おふろに入る
デートをする

ⓑ
~~手を洗う~~
~~歯をみがく~~
友達に会う
寝る
化粧をする
ビールを飲む
ゲームをする
電話をする
テレビを見る
勉強をする

새로운 단어

冬休み(ふゆやすみ) 겨울 방학　　クリスマス 크리스마스　　たんじょうび 생일
ハンバーガー 햄버거　　お正月(おしょうがつ) 설날　　入学する(にゅうがくする) 입학하다
でかける 외출하다　　化粧(けしょう) 화장

응용연습

🎧 track 43

● 보기를 참고로 하여 예문과 같이 ～たり～たりしました를 사용해 어린 시절, 학생 시절에 대해서 말해 봅시다.

> 예
>
> A 朴さんは、子供の時どんなことをしましたか。
> B 子供の時は歌を歌ったり友達と遊んだりしました。

名前	子供の時	学生時代(がくせいじだい)
_____さん		
_____さん		
_____さん		

보기

歌を歌う	友達と遊ぶ	一人で遊ぶ	かくれんぼをする
ゲームをする	いたずらをする	絵を描く	ままごとをする
砂遊び(すなあそ)びをする	ピアノを習う	踊る	テコンドーを習う
お酒を飲む	授業をサボる	映画を見る	サッカーをする
たばこを吸う	勉強する	アニメを見る	ドッジボールをする

새로운 단어

学生時代(がくせいじだい) 학창 시절　　かくれんぼ 숨바꼭질　　いたずら 장난
ままごと 소꿉놀이　　砂遊び(すなあそび) 모래 장난　　テコンドー 태권도
サボる (수업을) 빼먹다, 게으름 피우다　　アニメ 애니메이션의 준말　　ドッジボール 피구

한자연습

昼 ちゅう・ひる	昼	昼			
宿 しゅく・やど	宿	宿			
題 だい	題	題			
実 じつ・み/みの(る)	実	実			
酒 しゅ・さけ	酒	酒			
休 きゅう・やす(む)	休	休			
登 とう/と・のぼ(る)	登	登			
手 しゅ・て	手	手			
電 でん	電	電			
話 わ・はな(す)	話	話			

14 『Cats』は見たことがあるんですが

track 44

박민지가 기무라에게 크리스마스이브에 뮤지컬을 보러 가자고 전화하고 있다.

朴　　もしもし、朴ですけど、今電話大丈夫ですか。

木村　はい。大丈夫ですよ。どうしましたか。

朴　　突然ですが、木村さんは韓国のミュージカル『NANTA』を見ましたか。

木村　いいえ、まだ見ていませんが。

朴　　実は、チケットが2枚手に入ったんです。

木村　えっ、本当。

朴　　それで、ぜひ木村さんといっしょに見に行きたくて、電話をしました。

木村　ええ。いいんですか。見たかったんですよ。

昔『Cats』は見たことがあるんですが、『NANTA』ははじめてです。いつですか。

朴　　12月24日ですけど。

木村　うわー、クリスマスイブですか。いいですよ。ミュージカルを見るのは大好きです。

朴　　あー、よかった。じゃ、いっしょに行きましょう。

木村　ありがとうございます。

朴　　詳しいことはまた後で連絡します。それでは失礼します。

새로운 단어

~けど ~이지만　　突然(とつぜん) 돌연, 갑자기　　ミュージカル 뮤지컬
手に入る(てにはいる) 손에 넣다　　それで 그래서　　ぜひ 꼭　　昔(むかし) 옛날
はじめて 처음　　いつ 언제　　うわー 우와(놀라는 표현)　　クリスマスイブ 크리스마스이브
よかった 다행이다　　詳しい(くわしい) 상세하다, 자세하다　　連絡(れんらく) 연락
それでは 그럼

문법해설

1 まだ 　　　　　　　　　　　　　　　　　　　　아직

まだ는 '아직'이라는 뜻으로 예상되는 변화가 일어나지 않고 같은 상태가 계속되고 있음을 나타낸다.

- 예) A : 『NANTA』は見ましたか。
  　　B : いいえ、まだ見ていません。

2 ～くて 　　　　　　　　　　　　　　　　　　　～하고, ~해서

イ형용사의 어간에 ～くて가 오면 '~하고, ~해서'의 뜻이 된다. 사물의 성질이나 상태의 열거, 뒤에 오는 말의 원인, 이유를 나타낼 때 쓰인다. 단, いい의 경우는 よくて로 바뀌는 것에 주의하자.

- 예) いっしょに見に行きたくて、電話をしました。
  　　お金がなくて、とても困りました。

3 ～たことがある 　　　　　　　　　　　　　　　~한 적이 있다

동사의 た형에 ことがある가 오면 '~한 적이 있다'의 의미로 과거의 경험을 표현하는 문형이 된다.

- 예) 『Cats』を見たことがあります。
  　　中国に行ったことがあります。

새로운 단어

困る(こまる) 곤란하다

일본 문화 엿보기

가부키와 다카라즈카 (歌舞伎と宝塚)

일본의 고전적인 무대 예술로는 가부키(歌舞伎), 노(能), 교겐(狂言), 분라쿠(文楽) 등이 있고, 현대적인 것으로는 다카라즈카(宝塚)가 있다.

가부키는 에도시대 초기 이즈모다이샤(出雲大社)라는 신사의 무녀 오쿠니가 교토의 가모가와 강가에서 춤과 촌극을 한 것에서 시작되었다. 하지만 풍기문란의 이유로 모든 배역을 남자만이 하는 남성가극단이 되었다. 현재에는 전용 극장(가부키좌, 미나미좌, 하카타좌 등)에서 열린다.

가부키와 달리 다카라즈카 가극단(宝塚歌劇団)은 미혼 여성만으로 이루어진 일본가극단이다. 연극과 쇼 테마는 동서고금에 걸쳐 역사극, 환타지 그리고 SF까지 다양하다. 단원은 전원 부속「다카라즈카 음악학교」에서 예과, 본과에 걸쳐 2년간의 교육을 받아야 한다. 여성만으로 이루어졌기 때문에 남성 배역도 여성이 연기한다.

문형연습

I 다음 문형을 예문과 같이 완성해 봅시다.

1 まだ

> 예 ごはんを食べる ➡
> A ごはんを食べましたか。
> B はい、食べました。／ いいえ、まだ食べていません。

❶ ニュースを見る ➡ _____

❷ 机を買う ➡ _____

❸ 病院に行く ➡ _____

❹ 電話をかける ➡ _____

❺ 薬を飲む ➡ _____

2 ～くて

> 예 お金がない・困る ➡ お金がなくて、困りました。

❶ おなかがいたい・病院に行く ➡ _____

❷ 暗い・見えない ➡ _____

❸ 値段が安い・うれしい ➡ _____

❹ 寒い・風が強い ➡ _____

❺ 暑い・たいへん ➡ _____

3 ～たことがある

> 예) 寿司を食べる ➡ 寿司を食べたことがあります。

❶ お酒を飲む ➡ _____

❷ 韓国語を教える ➡ _____

❸ ギターを弾く ➡ _____

❹ ソウルに住む ➡ _____

❺ 日本語を勉強する ➡ _____

II 다음 일본어를 한국어로, 한국어를 일본어로 고쳐 봅시다.

❶ ギターを弾いたことがありますか。
➡ _____

❷ A もう電話をかけましたか。
➡ _____
B いいえ、まだかけていません。
➡ _____

❸ 함께 보러 가고 싶어서 전화를 했습니다.
➡ _____

❹ 자세한 것은 나중에 다시 연락하겠습니다. 그럼 실례하겠습니다.
➡ _____

새로운 단어

ニュース 뉴스   見える(み‾え‾る) 보이다   う「れし」い 기쁘다   風(か「ぜ) 바람
寿司(す「し) 초밥   ギ「ター 기타

회화연습

🎧 track 45

1 그림을 보고 아래의 보기에서 적당한 말을 골라 예문과 같이 말해 봅시다.

> 예 A 田中さん、昼ごはんは食べましたか。
> B¹ はい。食べました。
> B² いいえ。まだ食べていません。

❶

❷

❸

❹

❺

❻
（自由に作る）

보기		
~~昼ごはんを食べる~~	友達が来る	宿題をする
映画を見る	仕事が終わる	レポートを書く

2 그림을 보고 아래의 보기에서 적당한 말을 골라 예문과 같이 말해 봅시다.

> 예
> A　木村さんは、日本に行ったことがありますか。
> B¹　はい、行ったことがあります。
> B²　いいえ、行ったことがありません。

❶ 　　❷

❸ 　　❹

❺ 　　❻
　　　　　　　　　　（自由に作る）

보기
| 日本に行く | 海で泳ぐ | ラブレターを書く |
| 船に乗る | たばこを吸う | ポンデギを食べる |

새로운 단어

終わる(お わる) 끝나다　　ポ ンデギ 번데기

14 『Cats』は見たことがあるんですが ● 169

응용연습

🎧 track 46

● 예문과 같이 친구와 대화한 후에 아래의 표를 완성해 봅시다.

> **예**
> A 山田さん、<u>料理を作った</u>ことがありますか。
>   ⓐ
>
> B はい、作ったことがあります。/ いいえ、作ったことがありません。
>
> A <u>何</u>を作りましたか。
>   ⓑ
>
> B <u>キムチチゲ</u>を作りました。

項目		～さん	～さん	～さん
ⓐ	ⓑ			
예 料理を作る。	何	キムチチゲ		
飛行機(ひこうき)に乗る。	どこに行く			
日本のドラマを見る。	何			
日本の本を読む。	何			
海外旅行(かいがいりょこう)に行く。	どこ			
日本人と話す。	誰			
お酒を飲む。	いつ			
うなぎを食べる。	どこ			
テレビに出る。	いつ			
宝(たから)くじに当(あ)たる。	いくら			
キスをする。	いつ			

새로운 단어

飛行機(ひこうき) 비행기　　海外旅行(かいがいりょこう) 해외여행　　うなぎ 장어
宝くじ(たからくじ) 복권　　当たる(あたる) 당첨되다, 들어맞다　　キス 키스

한자연습

昔 むかし					
詳 しょう・くわ(しい)					
連 れん・つ(れる)					
絡 らく					
失 しつ・うしな(う)					
礼 れい					
困 こん・こま(る)					
暗 あん・くら(い)					
宝 ほう・たから					
当 とう・あ(たる)					

15

今から日本に帰るところなんですよ

track 47

겨울 방학을 맞아 일본으로 돌아가려는 사토 교수와 박민지가 이야기하고 있다.

朴　　佐藤先生、大きな荷物ですね。どうしたんですか。

佐藤　これですか。今から日本に帰るところなんですよ。

朴　　あ、なるほど。冬休みですからね。
　　　ところでかぜですか。

佐藤　ええ、先日お酒を飲んだ時に窓を開けたまま寝て、
　　　かぜをひきました。

朴　　それはいけませんね。せっかく家に帰るのに、大変ですね。

佐藤　でも、家ではおいしいものを食べて、寝るだけですから。

朴　　それはうらやましいですね。私も来月、日本で大好きな
　　　寿司をたくさん食べたいです。

佐藤　え、朴さんも日本に行く予定があるんですか。

朴　　ええ、来月友達と旅行で東京に行きます。

佐藤　じゃ、東京で会いましょうよ。
　　　おいしい寿司屋を知っていますよ。

朴　　本当ですか。ぜひお願いします。

佐藤　東京に来る時は連絡してくださいね。私がおごりますよ。
　　　あ、もうこんな時間だ。

朴　　あ、すみません。じゃ、お気をつけてくださいね。

새로운 단어

大きな(おおきな) 큰(주관적인 느낌)　　荷物(にもつ) 짐　　～ところ ~하려는 중
なるほど 과연, 정말　　～まま ~한 채로　　せっかく 모처럼, 애써서
かぜをひく 감기에 걸리다　　いけない 좋지 않다, 나쁘다　　うらやましい 부럽다
来月(らいげつ) 다음 달　　寿司(すし) 초밥　　予定(よてい) 예정　　寿司屋(すしや) 초밥집
おごる 한턱내다　　もう 벌써　　お気をつけてください(おきをつけてください) 조심하세요

문법해설

1 ～ところ   ～하려던 중/하고 있는 중/했더니

동사의 기본형＋ところ	～하려던 중, ～하려던 참	동작이 행해지기 바로 직전을 나타냄. これから, ちょうど, 今から와 함께 쓰임.
동사의 ている형＋ところ	～하고 있는 중	食べる 등과 같이 동작성이 있는 동사에 접속함.
동사의 た형＋ところ	～했더니, ～한 결과	동작이 행해진 바로 뒤(직후)를 나타냄.

예) これからごはんを食べるところです。

これから飲むところです。

今ごはんを食べているところです。

さっきごはんを食べたところです。

주의) 「동사의 ている형＋ところ」는 움직임을 나타내는 동사 降る/咲く, 상태를 나타내는 동사 ある/いる, 순간동사 持つ/知る 등에는 사용할 수 없다.

2 동사 + 명사

동사가 뒤에 오는 명사를 수식할 때는 접속사가 붙지 않는다.

예) 船に乗る時は薬を飲みます。

日本に行った時はとても楽しかった。

佐藤先生が書いた本はありませんか。

3 ～まま　　　　　　　　　　　　　　　　～한 채로(대로)

「동사의 た형＋まま」는 어떤 동작이나 상태가 지속된 상황에서 다른 동작이 이루어짐을 나타내는 표현이다. そのままは '～그대로'라는 뜻이 된다.

> 예 ストーブをつけたまま遊びに行きました。
> 　　 窓を開けたまま寝てはいけません。

4 ～のに　　　　　　　　　　　　　　　　～인데도(대로)

당연히 예측되는 상황이나 결과가 어긋날 때 또는 말하는 사람의 불만이나 유감을 나타낼 때 사용되는 표현이다. 「명사＋なのに, イ형용사＋のに, ナ형용사 어간＋なのに, 동사＋のに」의 형태로 접속된다.

> 예 練習したのに、だめだった。
> 　　 急いで来たのに、誰もいなかった。
> 　　 歌手なのに、歌が下手です。

5 동사의 て형 ＋ ～　　　　　　　　　　　～하고 나서

「동사의 て형＋～」는 '～하고 나서'의 뜻으로 동작이나 방법 등이 순차적으로 이어짐을 나타낸다.

> 예 歯をみがいて、寝ましょう。
> 　　 朝起きて、かおを洗いましょう。

새로운 단어

ストーブ 스토브　　練習する(れんしゅうする) 연습하다　　だめだ 소용없다, 해서는 안 되다
急ぐ(いそぐ) 서두르다　　花火(はなび) 불꽃

문형연습

I 다음 문형을 예문과 같이 완성해 봅시다.

1 ~ところ

> 예)
> これから・見る ➡ <u>これから見る</u>ところです。
> 今・見る ➡ <u>今見ている</u>ところです。
> さっき・見る ➡ <u>さっき見た</u>ところです。

❶ これから・旅行に行く ➡ _____

❷ これから・ダイエットする ➡ _____

❸ 今・料理を作る ➡ _____

❹ 今・ビールを飲む ➡ _____

❺ さっき・はさみを使う ➡ _____

2 ~まま~てはいけません

> 예)
> 電気をつける・寝る ➡ <u>電気をつけた</u>まま<u>寝</u>てはいけません。

❶ 窓を開ける・寝る ➡ _____

❷ かぜをひく・おふろに入る ➡ _____

❸ おもちゃを出す・学校に行く ➡ _____

❹ テレビをつける・食べる ➡ _____

❺ ストーブをつける・寝る ➡ _____

3 ～て～ます

> 예) 歯をみがく・寝る ➡ 歯をみがい<u>て</u>、寝<u>ます</u>。

❶ たばこを吸う・休む ➡ _____

❷ 服をぬぐ・おふろに入る ➡ _____

❸ 授業が終わる・家に帰る ➡ _____

❹ お金を入れる・ボタンを押す ➡ _____

❺ 日本語を使う・話す ➡ _____

Ⅱ 다음 일본어를 한국어로, 한국어를 일본어로 고쳐 봅시다.

❶ 今、料理を作っているところです。
  ➡ _____

❷ お酒を飲んだ時に、窓を開けたまま寝て、かぜをひきました。
  ➡ _____

❸ 일본어를 사용하여 이야기합시다.
  ➡ _____

❹ 제가 한턱내겠습니다.
  ➡ _____

새로운 단어

ダイエットする 다이어트하다　　はさみ 가위　　使う(つかう) 사용하다　　おもちゃ 장난감
ぬぐ 벗다

회화연습

🔘 track 48

1 그림을 보고 아래의 보기에서 적당한 말을 골라 예문과 같이 말해 봅시다.

> 예
> A テストの勉強をしたのに、忘れました。
> B それはいけませんね。

❶ 　　❷

❸ 　　❹

❺ 　　❻

（自由に作る）

보기

テストの勉強をする・忘れる　　宿題をする・持ってくるのを忘れる
昨日時計を買う・こわれる　　元気になる・またかぜをひく
雨が降る・外に出かける　　さっき掃除する・きたなくなる

2 그림을 보고 아래의 보기에서 적당한 말을 골라 예문과 같이 말해 봅시다.

> **예**
> A 海に行って、泳ぎませんか。
> B いいですね。行きましょう。

❶    ❷

❸    ❹

❺    ❻

보기

海に行く・泳ぐ　　　　　電話をする・聞いてみる

お菓子を買う・食べる　　渋谷に行く・お酒を飲む

ゲームをする・遊ぶ　　　自転車に乗る・行く

夕飯を食べる・映画を見る

새로운 단어

忘れる(わすれる) 잊어버리다　　持ってくる(もってくる) 가지고 오다　　こわれる 부서지다
降る(ふる) (비, 눈 등이) 내리다　　外(そと) 밖　　渋谷(しぶや) 시부야(도쿄에 있는 지명)
自転車(じてんしゃ) 자전거　　夕飯(ゆうはん) 저녁밥

응용연습

● 각 그림을 보고 예문과 같이 말해 봅시다.

映画を見るところ　　映画を見ているところ　　映画を見たところ

❶ ごはんを食べる

❷ 授業を受ける

❸ ビールを飲む

❹ 絵を描く

한자연습

荷 か·に	荷	荷			
物 ぶつ/もつ·もの	物	物			
開 かい·あ(ける)	開	開			
大 だい/たい·おお(きい)	大	大			
変 へん·か(える)	変	変			
月 げつ/がつ·つき	月	月			
定 てい·さだ(める)	定	定			
旅 りょ·たび	旅	旅			
行 こう·い(く)/おこな(う)	行	行			
降 こう·ふ(る)/お(りる)	降	降			

부 록

- 본문 회화 해석
- イ형용사・ナ형용사 활용표
- 동사 활용표

본문 회화 해석

02 • 처음 뵙겠습니다

박 : 처음 뵙겠습니다. 저는 박민지입니다.
기무라 : 처음 뵙겠습니다. 저는 기무라입니다.
박 : 기무라 씨는 학생이에요?
기무라 : 네, 학생이에요. 한국 대학교 2학년이에요.
박(민지) 씨도 2학년이에요?
박 : 아니요, 저는 2학년이 아니에요.
1학년이에요.
기무라 : 그래요? 아무쪼록 잘 부탁합니다.
박 : 저야말로 아무쪼록 잘 부탁합니다.

03 • 이건 뭐죠?

기무라 : 이건 뭐죠?
박 : 제 가족사진이에요.
기무라 : 이 사람은 언니예요, 여동생이에요?
박 : 제 여동생이에요.
기무라 : 이 사람은 누구예요?
박 : 제 아버지예요.
기무라 : 그럼, 이 분은 누구세요?
박 : 할아버지예요.

04 • 지금 몇 시예요?

박 : 아, 기무라 씨 지금 몇 시예요?
기무라 : 지금요? 지금 6시 10분 전이에요.
박 : 6시 반부터 12시까지 아르바이트예요.
사토 : 언제까지죠?
박 : 5월 1일부터 5일까지예요.
사토 : 그것참 힘들겠네요.

박 : 그럼 오늘은 이만 실례하겠습니다.
사토 : 그럼 다음에 봐요. 잘 가요.

05 • 그 귤은 얼마예요?

점원 : 어서 오세요.
사토 : 저기요. 그 귤은 얼마예요?
점원 : 4개에 1,000원입니다.
사토 : 그럼 이 사과는 얼마예요?
점원 : 1개에 1,000원입니다.
사토 : 그럼 귤 4개와 사과 2개 주세요.
점원 : 전부 해서 3,000원이네요.
사토 : 자, 5,000원요.
점원 : 거스름돈 2,000원입니다. 감사합니다.

06 • ATM 기계는 어디에 있죠?

박 : 저기요, ATM 기계는 어디에 있죠?
기무라 : 저기 도서관이 있죠?
박 : 네.
기무라 : 저 도서관 입구에 1대 있어요.
하지만 항상 사람이 많아요.
박 : 에, 거기밖에 없나요?
기무라 : 쉬는 시간은 10분뿐이죠?
박 : 네.
기무라 : 그럼, 5층 컴퓨터실 앞에도 1대 있는데, 거기는 사람이 별로 없어요.
박 : 그래요? 고마워요.
기무라 : 아니요, 천만에요.

07 • 오늘은 덥네요

박 : 안녕하세요?

기무라 : 아, 박(민지) 씨 안녕하세요. 오늘은 덥네요.

박 : 네, 너무 더워요. 에어컨이 있었으면 좋겠어요.

기무라 : 그렇네요. 일본어 공부는 어때요?

박 : 어렵지만 재밌어요. 기무라 씨 점심은요?

기무라 : 아직 이예요.

박 : 그래요? 한국 음식은 맵지 않아요?

기무라 : 조금 맵지만, 가격도 싸고 맛있어요.

박 : 일본의 대학 식당은 비싸나요?

기무라 : 아니요, 일본의 대학 식당은 비싸지도 싸지도 않아요.

박 : 그래요. 맛은 어때요?

기무라 : 그저 그래요.

08 • 나는 가을을 좋아해요

기무라 : 안녕하세요. 날씨가 좋네요.

박 : 그렇네요. 이제 곧 가을이네요.

기무라 : 박(민지) 씨는 가을과 겨울 중 어느 쪽을 좋아해요?

박 : 저는 겨울보다 가을을 좋아해요.
하늘이 예쁘니까요.

기무라 : 그래요? 저도 계절 중에서 가을을 가장 좋아해요.

박 : 기무라 씨는 좋아하는 스포츠는 뭐예요?

기무라 : 축구를 좋아합니다. 박(민지) 씨는 어떤 스포츠를 좋아해요?

박 : 저는 테니스랑 농구를 좋아해요.

기무라 : 그럼 음악 중에서는 무엇을 가장 좋아해요?

박 : 전 로큰롤을 좋아해요.

기무라 : 와~ 박(민지) 씨는 활발하고 생기 넘치는 사람이군요.

09 • 주말에는 무엇을 하나요?

사토 : 아, 박(민지) 씨. 안녕하세요. (오늘은) 일찍 왔네요.

박 : 사토 선생님, 안녕하세요? 저는 항상 일찍 학교에 와요. 선생님은 지금부터 수업이에요?

사토 : 네, 박(민지) 씨는 매일 학교(대학)에 오나요?

박 : 아니요, 토요일은 쉬는 날이에요.

사토 : 아, 그렇군요. 주말에는 무엇을 하나요?

박 : 토요일에는 아침에 청소와 빨래를 합니다. 그러고 나서 요리를 만들어요.

사토 : 와~ 그거 좋네요. 지난주에도 요리를 만들었나요?

박 : 아니요, 지난주에는 요리를 안 만들었어요. 친구와 함께 영화를 보러 갔어요.

사토 : 일요일은요?

박 : 집에서 뒹굴뒹굴했어요.

10 • 영화 보러 안 갈래요?

박 : 기무라 씨, 이번 주 일요일에 영화 보러 안 갈래요?

기무라 : 그거 좋네요. 뭐 재밌는 영화는 있나요?

박 : 네, 한국 영화 『돈을 원해!』는 어떠세요? 지금 인기 있어요.

기무라 : 아, 그거. 보고 싶어요, 보고 싶어. 보고 싶었어요.

박 : 그럼, 영화 표를 예약하죠. 일요일은 붐비니까요.

기무라 : 그렇군요. 그럼 오후가 좋겠는데요. 오전에는 집에서 여유롭게 있고 싶으니까요.

박 : 그럼 오후 1시로 하죠.
만나는 장소는 어디로 할까요?

기무라 : 사쿠라 백화점 앞 맥도널드는 어때요?

박 : 알겠어요. 영화는 팝콘을 먹으면서 보는 것도 좋죠.

기무라 : 맞아요. 기대되는데요.

11 • 어디에 살고 있습니까?

기무라 : 김(민호) 씨는 어디에 살고 있습니까?

김 : 저는 인천에 살고 있습니다.

기무라 : 꽤 머네요.

김 : 네, 게다가 아침에는 일본어 학원에서 1시간 공부한 후에 (대)학교에 옵니다.

기무라 : 그럼, 아침에는 힘들겠네요. (대)학교까지는 어느 정도 걸립니까?

김 : 버스로 1시간 30분 정도 걸립니다.

기무라 : 어? 1시간 30분이나요?
버스 안에서 항상 무엇을 합니까?

김 : 자주 휴대전화로 음악을 들어요.

기무라 : 그래요. 그런데 인천은 어떤 곳입니까?

김 : 경치도 아름답고 좋은 곳입니다. 한번 놀러 오세요.

기무라 : 그럼, 다음에 놀러 갈게요. 안내해 주세요.

김 : 언제든지 오세요. 기다리고 있을게요.

12 • 목욕을 해도 될까요?

간호사 : 네, 다음 분 들어가세요.

의사 : 오늘은 어디가 아프세요?

박 : 어제부터 열이 좀 있는데요, 진찰해 주세요.

의사 : 그럼 입을 벌려 주세요.

박 : 아~.

의사 : 목이 부어 있네요. 배는 아프지 않습니까?

박 : 배는 안 아픈데요, 기침이 나고 콧물이 안 멈춰요.

의사 : 감기군요. 그럼, 약을 드릴게요.

박 : 저어, 목욕해도 될까요?

의사 : 아니요, 오늘은 목욕하면 안 됩니다. 더 심해져요.

박 : 예, 알겠습니다.

의사 : 그럼 몸조리 잘하세요.

박 : 감사합니다.

13 • 숙제를 하거나 리포트를 쓰거나 할 겁니다

박 : 기무라 씨, 영화 표를 예약했어요. 1시 50분부터예요.

기무라 : 고맙습니다. 그럼, 영화를 보기 전에 점심이라도 먹을까요?

박 : 그래요. 기무라 씨는 매운 것은 괜찮아요?

기무라 : 네, 아주 좋아합니다.

박 : 그럼, 김치찌개가 싸고 맛있는 가게가 있는데, 그곳은 어때요?

기무라 : 좋아요. 그렇게 합시다.

박 : 그런데 기무라 씨는 오전에는 무엇을 하나요?

기무라 : 이번 주에는 숙제가 많아서, 숙제하거나 리포트를 쓰거나 할 겁니다.

박 : 아, 그래요? 실은 일본어 번역 리포트가 있는데, 그것을 좀 봐주지 않을래요?

기무라 : 그럼, 영화를 본 후에 함께 할까요?

박 : 고마워요.

14 • 『Cats』는 본 적이 있는데

박 : 여보세요, 박(민지)인데요, 지금 전화 괜찮으세요?

기무라 : 네, 괜찮아요. 무슨 일이에요?

박 : 갑작스럽지만요, 기무라 씨 한국 뮤지컬 『난타』 봤어요?

기무라 : 아니요, 아직 못 봤는데요.

박 : 실은 표가 2장 들어 왔어요.

기무라 : 어, 정말요?

박 : 그래서 꼭 기무라 씨와 같이 보러 가고 싶어 전화했어요.

기무라 : 에? 그래도 괜찮아요? 보고 싶었어요. 예전에 『Cats』는 본 적이 있는데, 『난타』는 처음이에요. 언제예요?

박 : 12월 24일인데요.

기무라 : 우와~ 크리스마스이브예요? 좋아요. 뮤지컬 보는 거 아주 좋아해요.

박 : 아~ 다행이다. 그럼 같이 가요.

기무라 : 고마워요.

박 : 자세한 것은 나중에 또 연락할게요. 그럼 실례할게요.

사토 : 하지만, 집에서는 맛있는 것을 먹고 자는 것뿐이니까요.

박 : 그거 부럽네요. 저도 다음 달 일본에서 아주 좋아하는 초밥을 많이 먹고 싶어요.

사토 : 어? 박(민지) 씨도 일본에 갈 예정이 있어요?

박 : 네, 다음 달 친구와 여행으로 도쿄에 가요.

사토 : 그럼 도쿄에서 만나요. 맛있는 초밥집을 알고 있어요.

박 : 정말요? 꼭 부탁할게요.

사토 : 도쿄에 올 때는 연락해 주세요. 내가 한턱 낼게요. 아, 벌써 시간이 이렇게 됐네.

박 : 아, 죄송해요. 그럼 조심해서 다녀오세요.

15 • 지금 일본에 돌아가려는 참이에요

박 : 사토 선생님, 큰 짐이네요. 무슨 일 있으세요?

사토 : 이것 말이에요? 지금 일본에 돌아가려는 참이에요.

박 : 아, 그렇군요. 겨울 방학이니까요. 그런데 감기세요?

사토 : 네, 전날 술을 마셨을 때 창문을 열어 놓은 채로 자서 감기에 걸렸어요.

박 : 그것참 안 되셨네요. 모처럼 집에 돌아가시는 데 큰일이네요.

イ형용사・ナ형용사 활용표

종류	기본형	です형 (정중형)	て형 (중지형)	た형 (과거형)	ない형	
					(현재형)	(과거형)
イ형용사	大(おお)きい	大きいです	大きくて	大きかった	大きくない	大きくなかった
	よい いい	よいです いいです	よくて	よかった	よくない	よくなかった
	ない	ないです	なくて	なかった	(なくはない)	(なくはなかった)
	〜たい	〜たいです	〜たくて	〜たかった	〜たくない	〜たくなかった
ナ형용사	きれいだ	きれいです	きれいで	きれいだった	きれいではない	きれいではなかった
	静(しず)かだ	静かです	静かで	静かだった	静かではない	静かではなかった
	立派(りっぱ)だ	立派です	立派で	立派だった	立派ではない	立派ではなかった
	にぎやかだ	にぎやかです	にぎやかで	にぎやかだった	にぎやかではない	にぎやかではなかった
	親切(しんせつ)だ	親切です	親切で	親切だった	親切ではない	親切ではなかった
	便利(べんり)だ	便利です	便利で	便利だった	便利ではない	便利ではなかった
	社会的(しゃかいてき)だ	社会的です	社会的で	社会的だった	社会的ではない	社会的ではなかった
	スマートだ	スマートです	スマートで	スマートだった	スマートではない	スマートではなかった
		〜です	〜でして	〜でした	〜ではありません (〜じゃありません)	〜ではありませんでした (〜じゃありませんでした)

	だろう形 (추량형)	조건 가정형		부사형	명사형	비고
		～なら	～たら/～ば			
	大きいだろう	大きいなら	大きかったら 大きければ	大きく	大きさ	모든 イ형용사
	よいだろう いいだろう	よいなら	よかったら よければ	よく	よさ	
	ないだろう	ないなら	なかったら なければ	なく	なさ	
	～たいだろう	～たいなら	～たかったら	～たく	～たさ	모든 동사+たい형
	きれいだろう	きれいなら	きれいだったら	きれいに	きれいさ	모든 ナ형용사
	静かだろう	静かなら	静かだったら	静かに	静かさ	
	立派だろう	立派なら	立派だったら	立派に	立派さ	
	にぎやかだろう	にぎやかなら	にぎやかだったら	にぎやかに	にぎやかさ	
	親切だろう	親切なら	親切だったら	親切に	親切さ	
	便利だろう	便利なら	便利だったら	便利に	便利さ	
	社会的だろう	社会的なら	社会的だったら	社会的に	社会的さ	모든 명사+的
	スマートだろう	スマートなら	スマートだったら	スマートに	スマートさ	모든 외래어
	～でしょう		～でしたら			

동사 활용표

종류	기본형	ます형 (정중형)	て형 (접속형)	た형 (과거형)	たら형 (가정형)	ば형 (조건형)	(ら)れる형 (수동, 존경형)	(さ)せる형 (사역형)
1그룹동사	書く	書きます	書いて	書いた	書いたら	書けば	書かれる	書かせる
	行く*	行きます	行って	行った	行ったら	行けば	行かれる	行かせる
	泳ぐ	泳ぎます	泳いで	泳いだ	泳いだら	泳げば	泳がれる	泳がせる
	遊ぶ	遊びます	遊んで	遊んだ	遊んだら	遊べば	遊ばれる	遊ばせる
	読む	読みます	読んで	読んだ	読んだら	読めば	読まれる	読ませる
	死ぬ	死にます	死んで	死んだ	死んだら	死ねば	死なれる	死なせる
	持つ	持ちます	持って	持った	持ったら	持てば	持たれる	持たせる
	買う	買います	買って	買った	買ったら	買えば	買われる	買わせる
	乗る	乗ります	乗って	乗った	乗ったら	乗れば	乗られる	乗らせる
	探す	探します	探して	探した	探したら	探せば	探される	探させる
2그룹동사	見る	見ます	見て	見た	見たら	見れば	見られる	見させる
	食べる	食べます	食べて	食べた	食べたら	食べれば	食べられる	食べさせる
3그룹동사	来る	来ます	来て	来た	来たら	来れば	来られる	来させる
	する	します	して	した	したら	すれば	される	させる
		～ます	～まして	～ました	～ましたら			

가능형	ない형		よう형	명령형	비고
	(현재형)	(과거형)	(의지형)		
書ける	書かない	書かなかった	書こう	書け	聞く, 歩く, 置く, 動く
行ける	行かない	行かなかった	行こう	行け	
泳げる	泳がない	泳がなかった	泳ごう	泳げ	急ぐ, 脱ぐ, 防ぐ
遊べる	遊ばない	遊ばなかった	遊ぼう	遊べ	飛ぶ, 運ぶ, 結ぶ
読める	読まない	読まなかった	読もう	読め	飲む, 休む, 込む
死ねる	死なない	死ななかった	死のう	死ね	
持てる	持たない	持たなかった	持とう	持て	立つ, 勝つ, 打つ, 待つ
買える	買わない	買わなかった	買おう	買え	会う, 習う, 歌う, 吸う
乗れる	乗らない	乗らなかった	乗ろう	乗れ	帰る, 走る, 困る, 踊る
探せる	探さない	探さなかった	探そう	探せ	話す, 貸す, 返す
見られる	見ない	見なかった	見よう	見ろ	起きる, 着る
食べられる	食べない	食べなかった	食べよう	食べろ	寝る, 出る, かける
来られる	来ない	来なかった	来よう	来い	불규칙이므로 무조건 외워야 함
できる	しない	しなかった	しよう	しろ	
	~ません	~ませんでした	~ましょう		

新 뉴라인 일본어 ❶

지은이 최광준, 이분우, 마노 토모에
펴낸이 정규도
펴낸곳 (주)다락원

초판 1쇄 발행 2009년 3월 9일
개정 1판 1쇄 발행 2014년 1월 27일
개정 1판 8쇄 발행 2025년 2월 7일

책임편집 송화록, 임혜련
디자인 정현석, 김성희, 유진희
일러스트 김현수, 오경진

🔳 **다락원** 경기도 파주시 문발로 211
내용문의: (02)736-2031 내선 460~465
구입문의: (02)736-2031 내선 250~252
Fax: (02)732-2037
출판등록 1977년 9월 16일 제406-2008-000007호

Copyright ⓒ 2014, 최광준, 이분우, 마노 토모에

저자 및 출판사의 허락 없이 이 책의 일부 또는 전부를 무단 복제·전재·발췌할 수 없습니다. 구입 후 철회는 회사 내규에 부합하는 경우에 가능하므로 구입문의처에 문의하시기 바랍니다. 분실·파손 등에 따른 소비자 피해에 대해서는 공정거래위원회에서 고시한 소비자 분쟁 해결 기준에 따라 보상 가능합니다. 잘못된 책은 바꿔 드립니다.

ISBN 978-89-277-1105-6 18730
978-89-277-1107-0(set)

http://www.darakwon.co.kr

- 다락원 홈페이지를 방문하시면 상세한 출판정보와 함께 동영상강좌, MP3자료 등 다양한 어학 정보를 얻으실 수 있습니다.
- 다락원 홈페이지 자료실에서 각 과의 문형연습/회화연습/응용연습의 모범답안과 **MP3 파일(무료)**을 다운로드 받으실 수 있습니다.

NEW-LINE JAPANESE LANGUAGE

가나 오십음도

히라가나 ひらがな

단 \ 행	あ행	か행	さ행	た행	な행
あ단	あ [a]	か [ka]	さ [sa]	た [ta]	な [na]
い단	い [i]	き [ki]	し [shi]	ち [chi]	に [ni]
う단	う [u]	く [ku]	す [su]	つ [tsu]	ぬ [nu]
え단	え [e]	け [ke]	せ [se]	て [te]	ね [ne]
お단	お [o]	こ [ko]	そ [so]	と [to]	の [no]

가타카나 カタカナ

단 \ 행	ア행	カ행	サ행	タ행	ナ행
ア단	ア [a]	カ [ka]	サ [sa]	タ [ta]	ナ [na]
イ단	イ [i]	キ [ki]	シ [shi]	チ [chi]	ニ [ni]
ウ단	ウ [u]	ク [ku]	ス [su]	ツ [tsu]	ヌ [nu]
エ단	エ [e]	ケ [ke]	セ [se]	テ [te]	ネ [ne]
オ단	オ [o]	コ [ko]	ソ [so]	ト [to]	ノ [no]

は행	ま행	や행	ら행	わ행	
は [ha]	ま [ma]	や [ya]	ら [ra]	わ [wa]	
ひ [hi]	み [mi]		り [ri]		
ふ [hu]	む [mu]	ゆ [yu]	る [ru]		
へ [he]	め [me]		れ [re]		
ほ [ho]	も [mo]	よ [yo]	ろ [ro]	を [wo]	ん [N]

ハ행	マ행	ヤ행	ラ행	ワ행	
ハ [ha]	マ [ma]	ヤ [ya]	ラ [ra]	ワ [wa]	
ヒ [hi]	ミ [mi]		リ [ri]		
フ [hu]	ム [mu]	ユ [yu]	ル [ru]		
ヘ [he]	メ [me]		レ [re]		
ホ [ho]	モ [mo]	ヨ [yo]	ロ [ro]	ヲ [wo]	ン [N]

1. 청음

あい 사랑

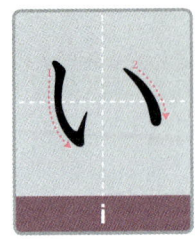
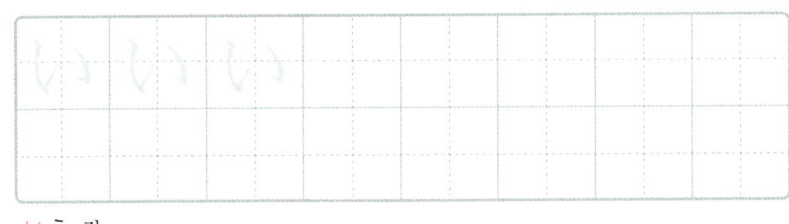
いえ 집

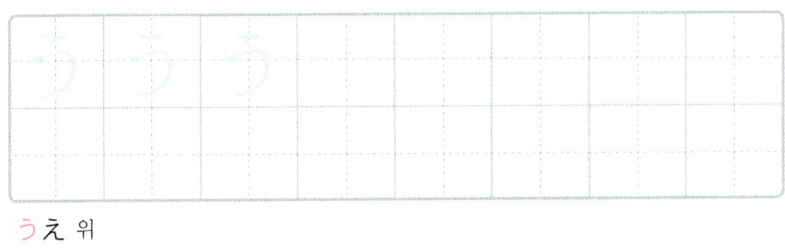
うえ 위

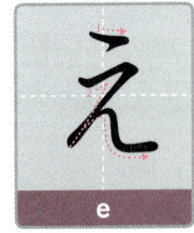

え 그림

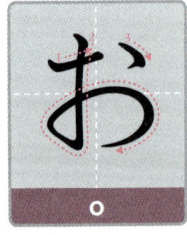
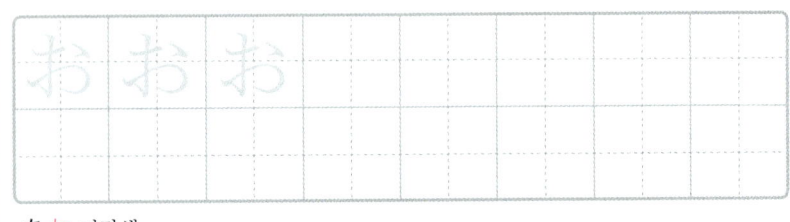
あお 파란색

청음 あ 행

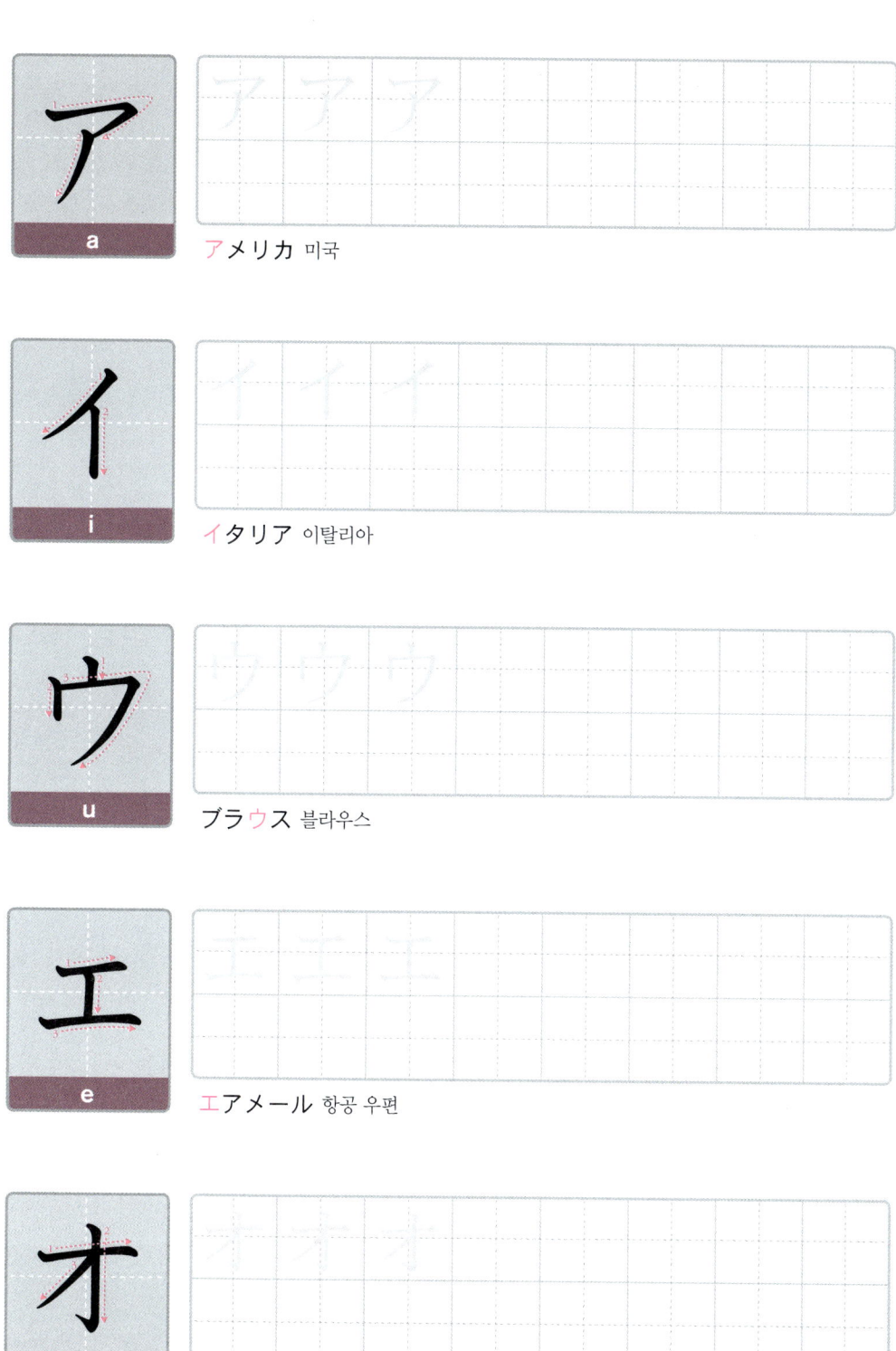

ア メリカ 미국

イ タリア 이탈리아

ブ ラ ウ ス 블라우스

エ アメール 항공 우편

オ ルゴール 오르골

かお 얼굴

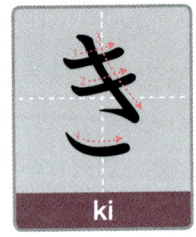 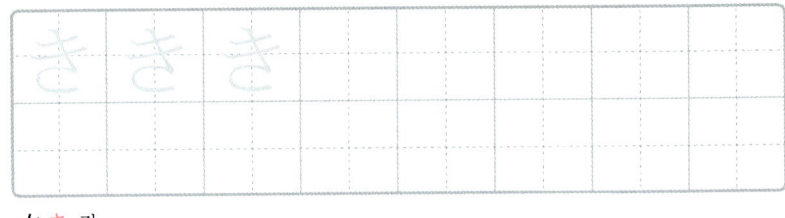

かき 감

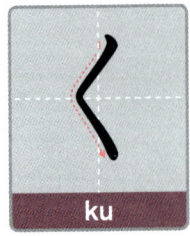 

いく 가다

いけ 연못

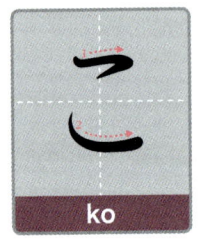 

こえ 목소리

청음 か 행

カ ka
カメラ 카메라

キ ki
キーボード 키보드

ク ku
クリーム 크림

ケ ke
ケーキ 케이크

コ ko
コーヒー 커피

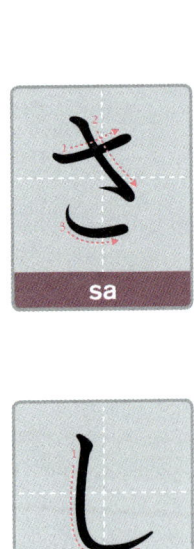
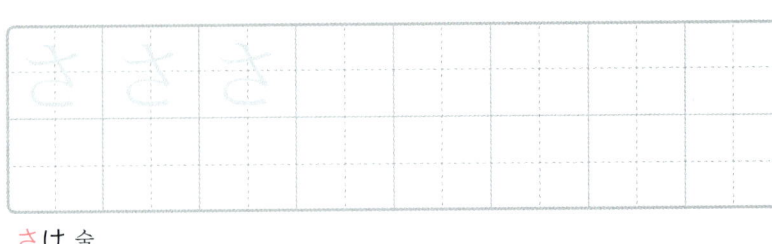

さけ 술

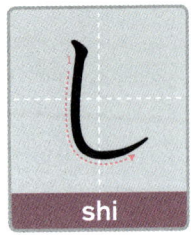

しお 소금

すし 초밥

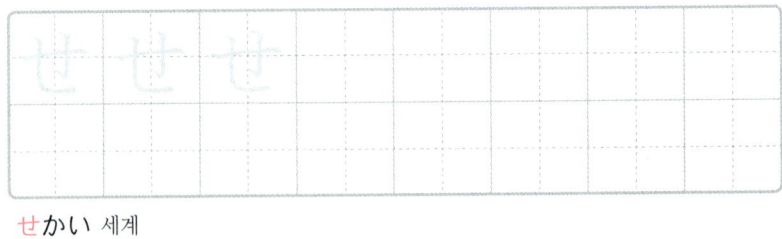

せかい 세계

そこ 그곳, 거기

청음 さ 행

サ sa
サッカー 축구

シ shi
シンボル 심벌, 상징

ス su
スーツケース 슈트케이스

セ se
センス 센스

ソ so
ソウル 서울

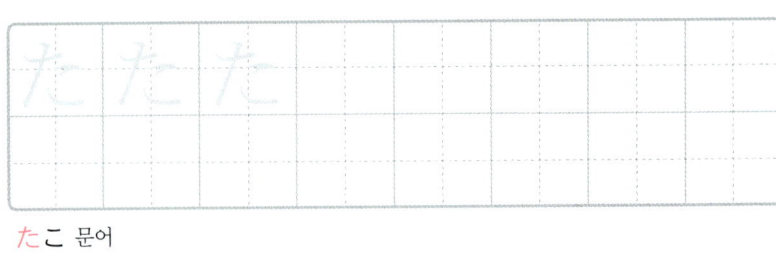

たこ 문어

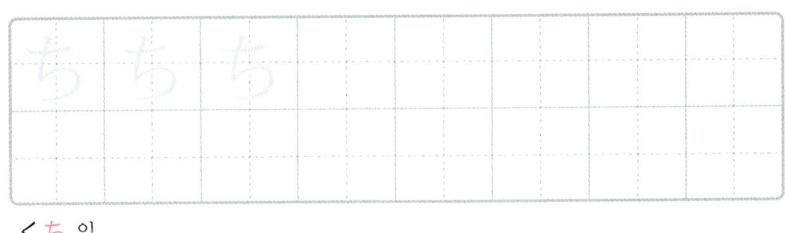

くち 입

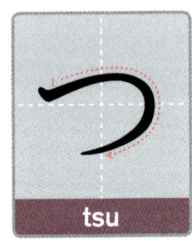

つき 달

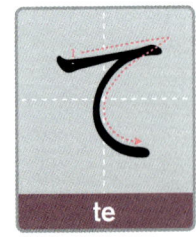

かてい 가정

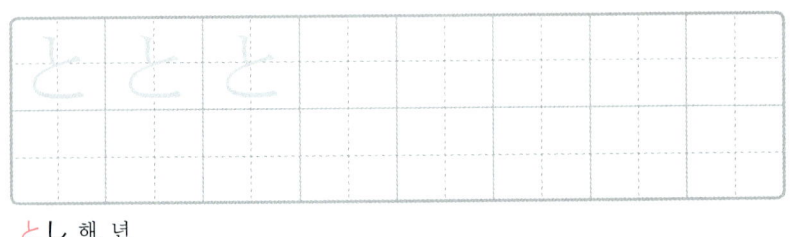

とし 해, 년

청음 た 행

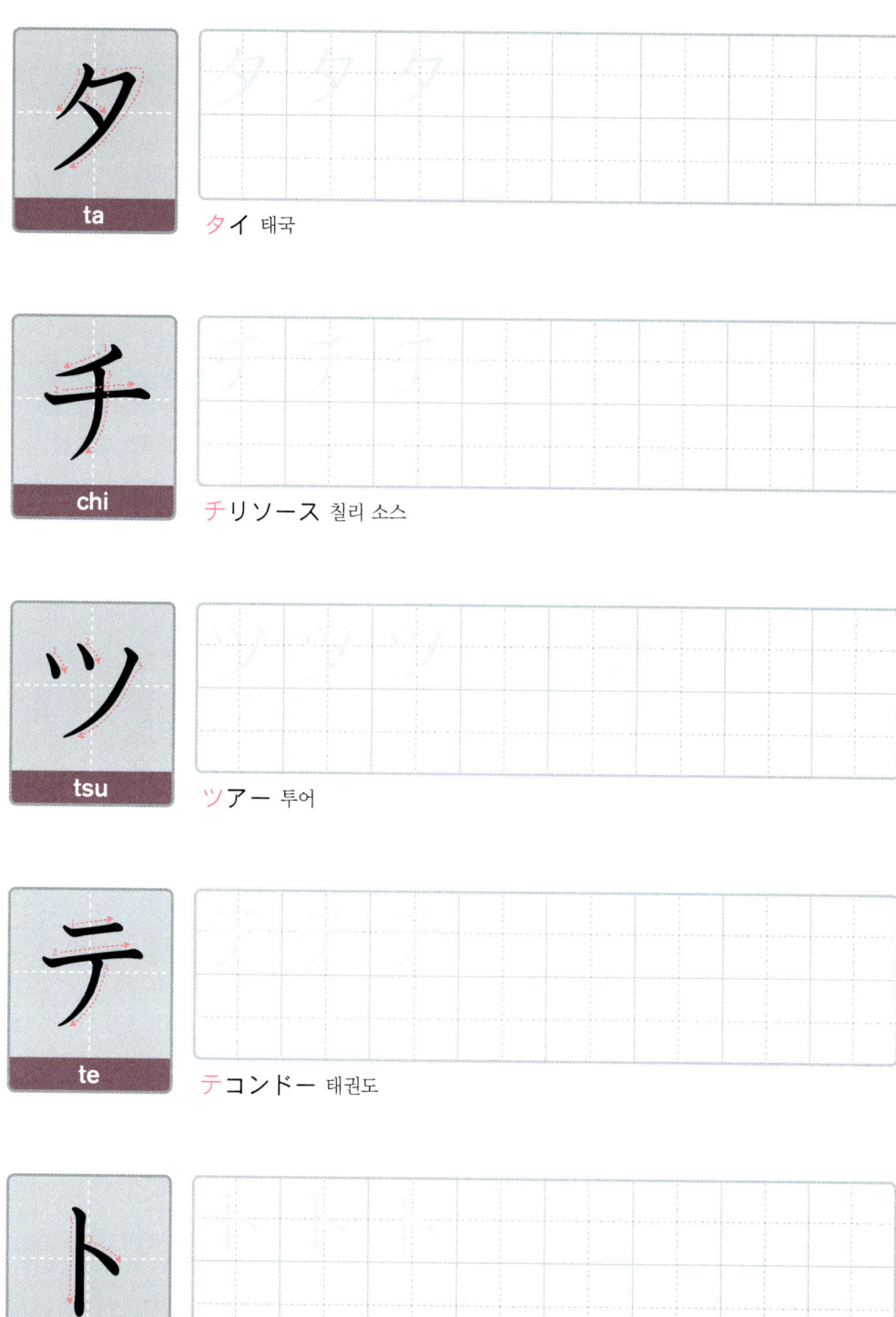

タイ 태국

チリソース 칠리 소스

ツアー 투어

テコンドー 태권도

トイレ 화장실

 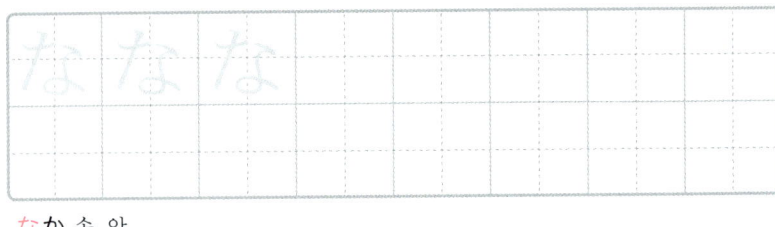
なか 속, 안

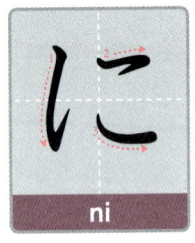 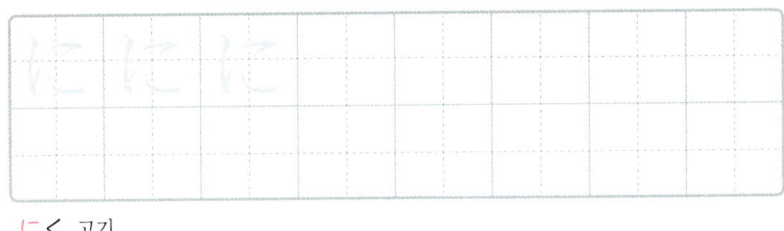
にく 고기

いぬ 개

 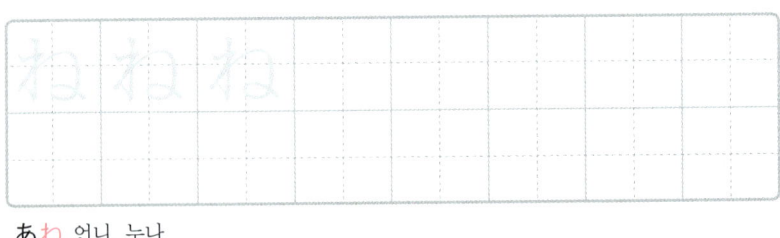
あね 언니, 누나

ぬの 천

청음 な 행

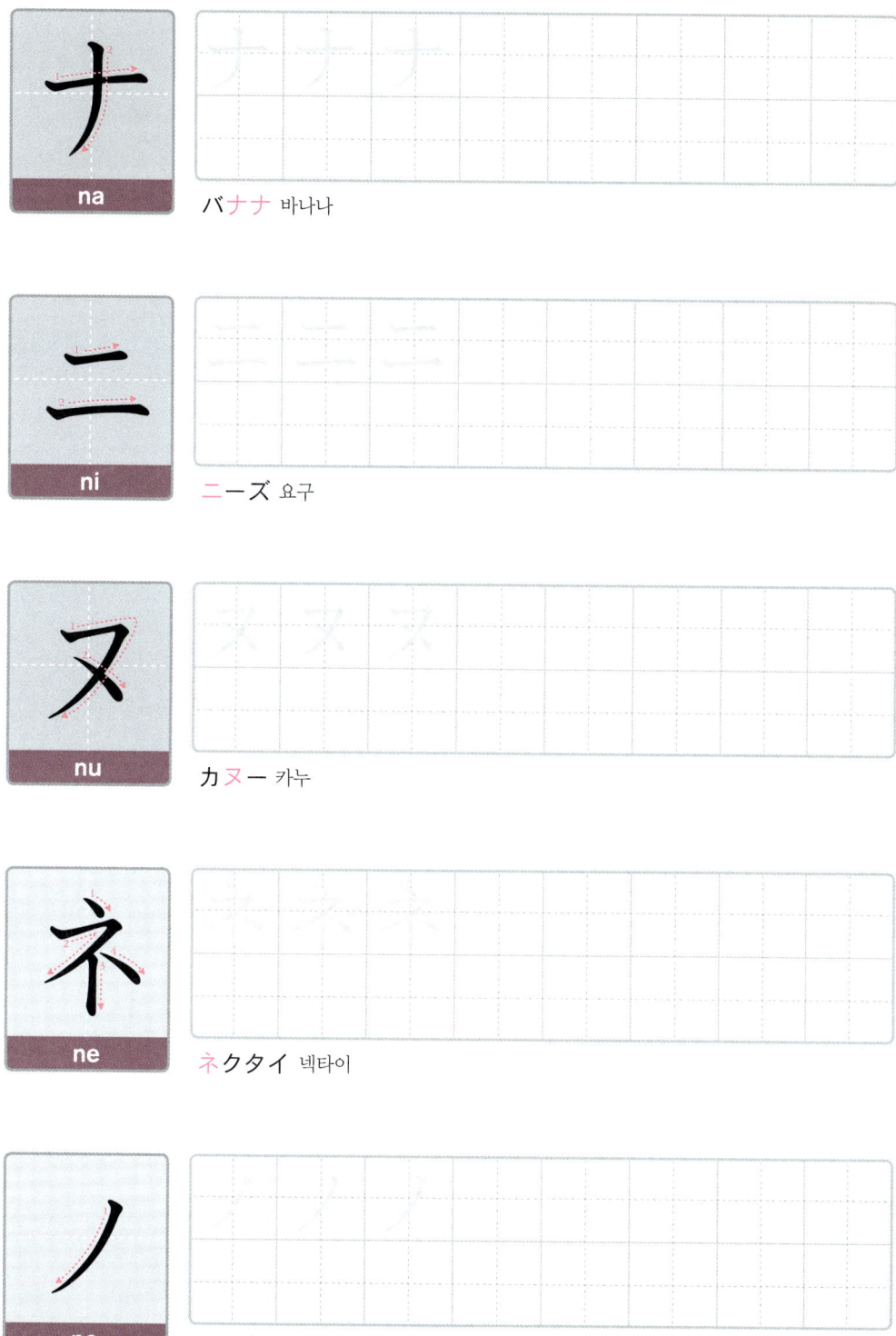

バナナ 바나나

ニーズ 요구

カヌー 카누

ネクタイ 넥타이

ノート 노트, 공책

 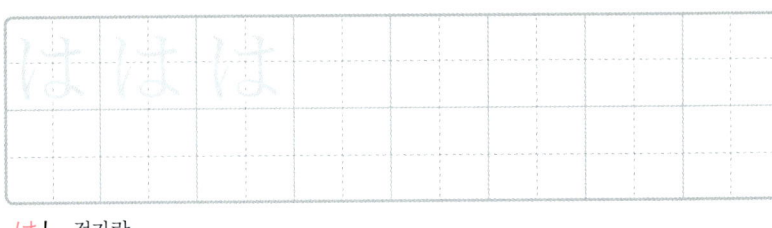

はし 젓가락

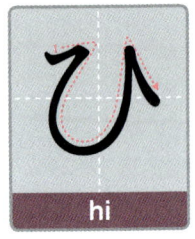 

ひこうき 비행기

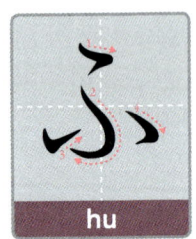 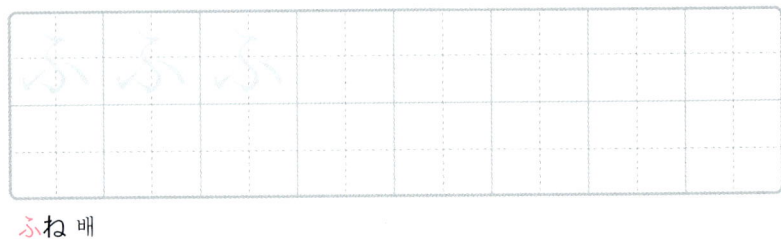

ふね 배

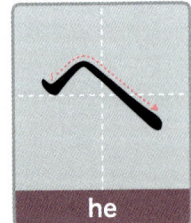 

へる 줄다

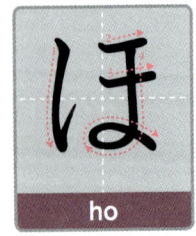 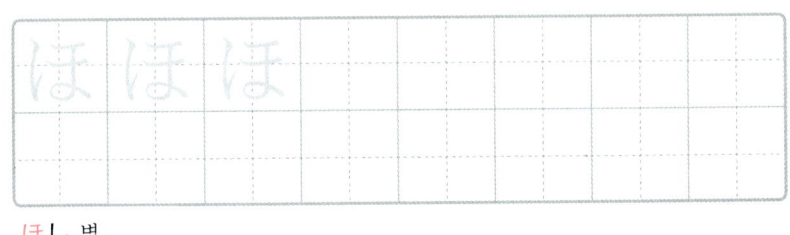

ほし 별

청음 は 행

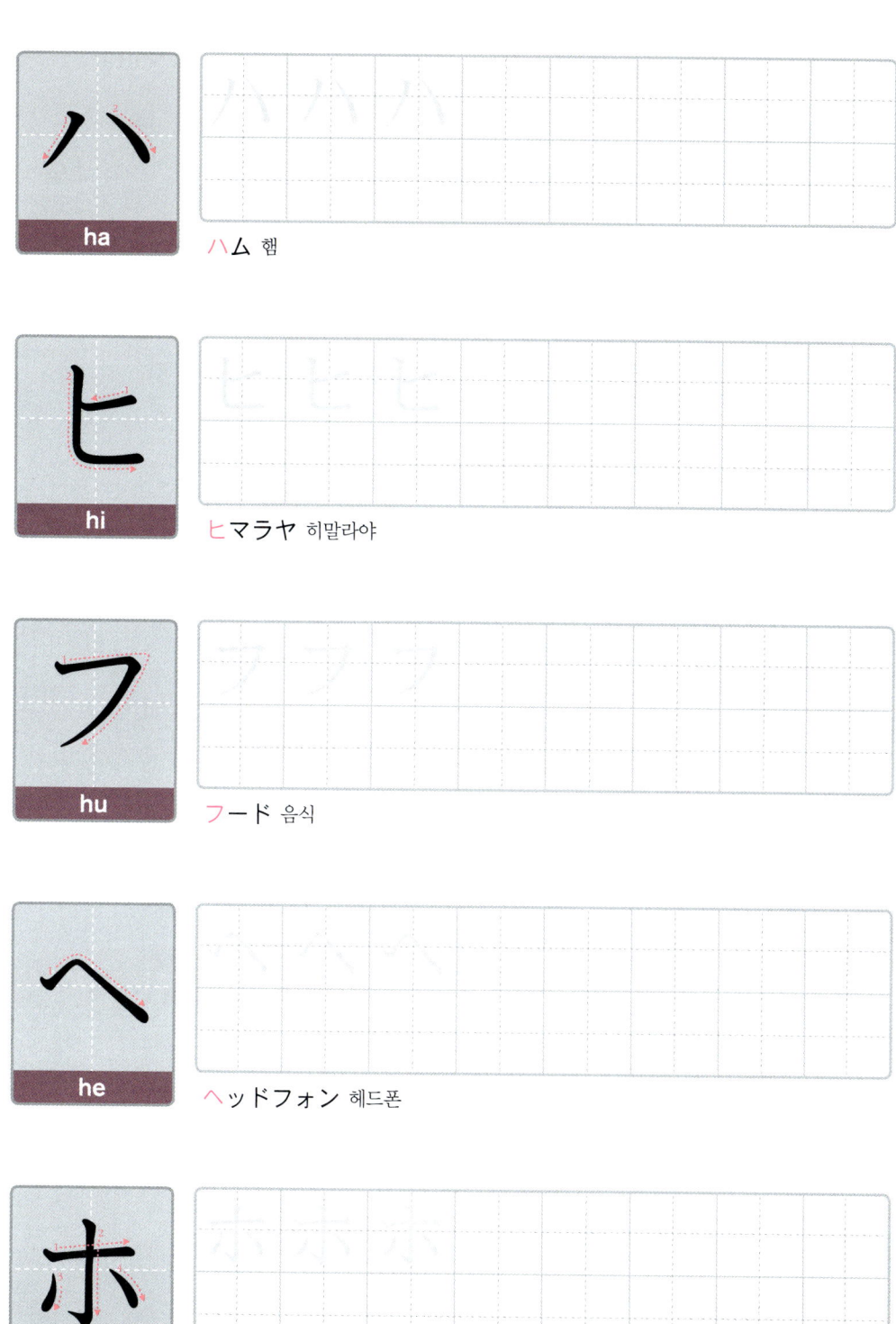

ハム 햄

ヒマラヤ 히말라야

フード 음식

ヘッドフォン 헤드폰

ホームステイ 홈스테이

 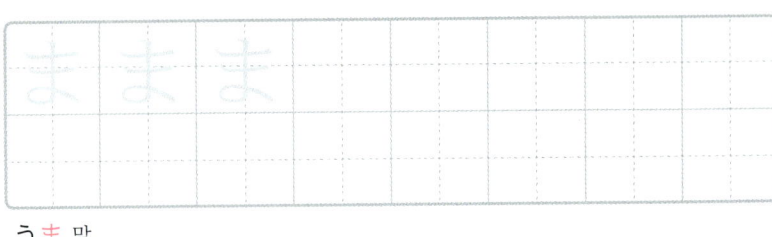

うま 말

 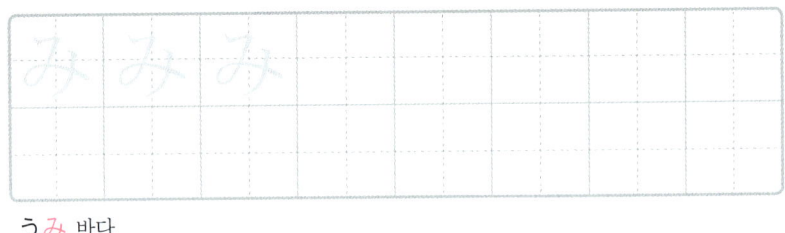

うみ 바다

むすこ 아들

 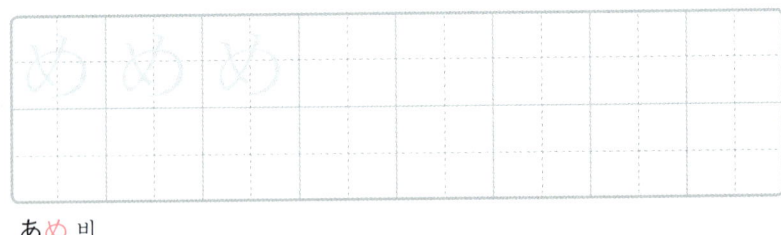

あめ 비

 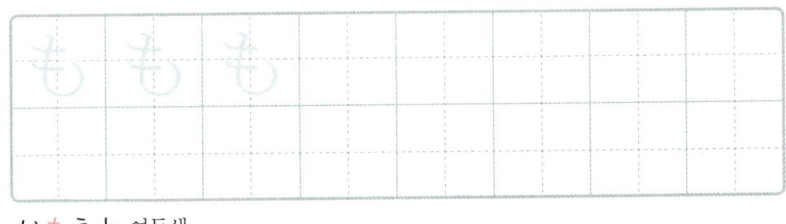

いもうと 여동생

청음 ま 행

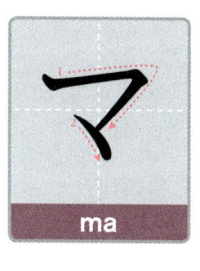
ma
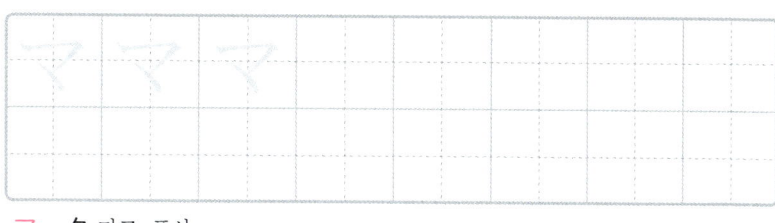
マーク 마크, 표시

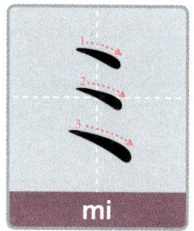
mi
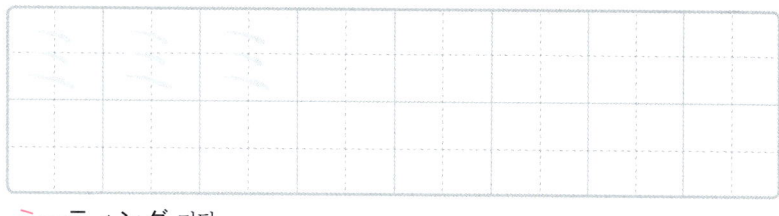
ミーティング 미팅

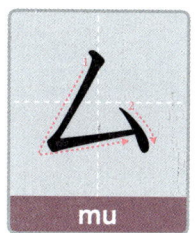
mu
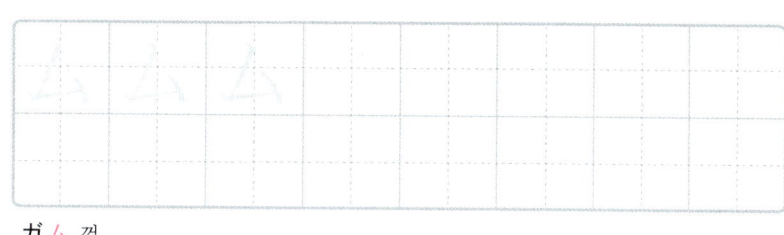
ガム 껌

me
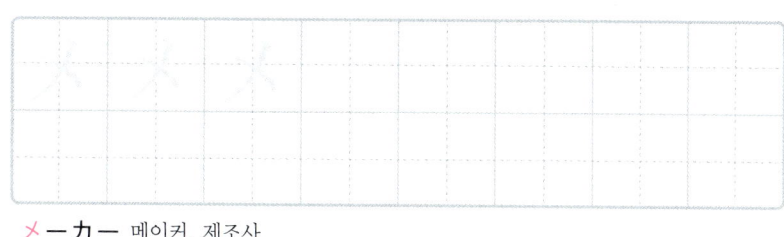
メーカー 메이커, 제조사

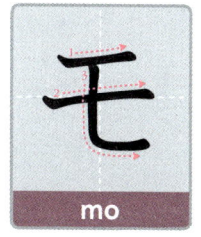
mo
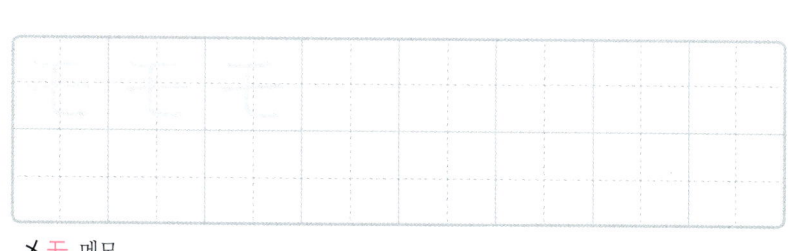
メモ 메모

청음 ら 행

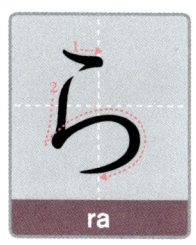
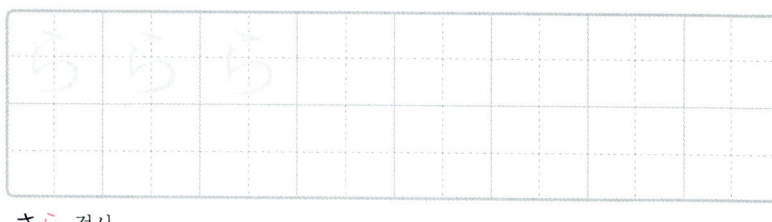
さら 접시

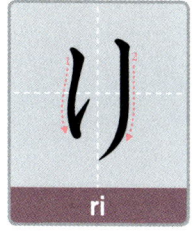
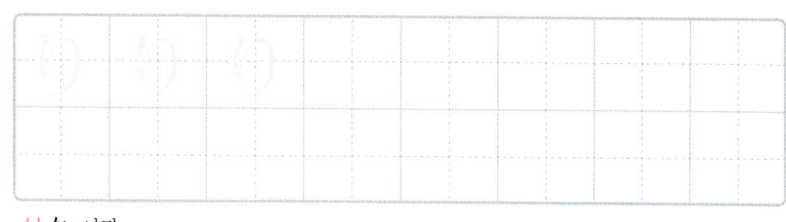
りか 이과

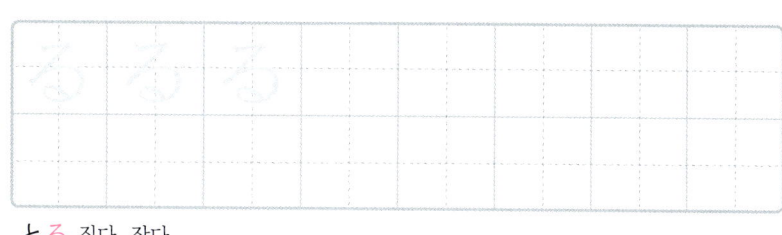
とる 집다, 잡다

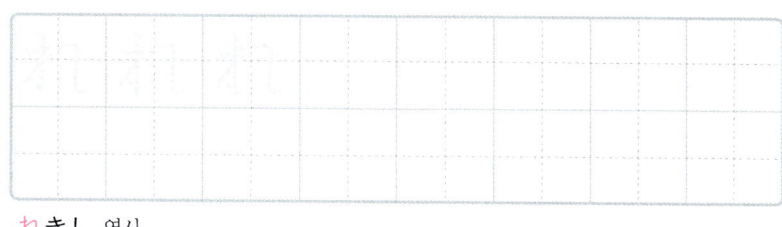
れきし 역사

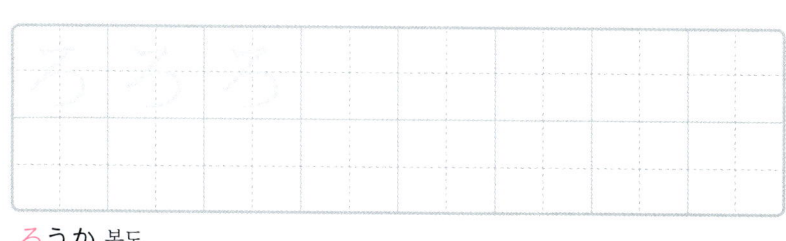
ろうか 복도

청음 ら행

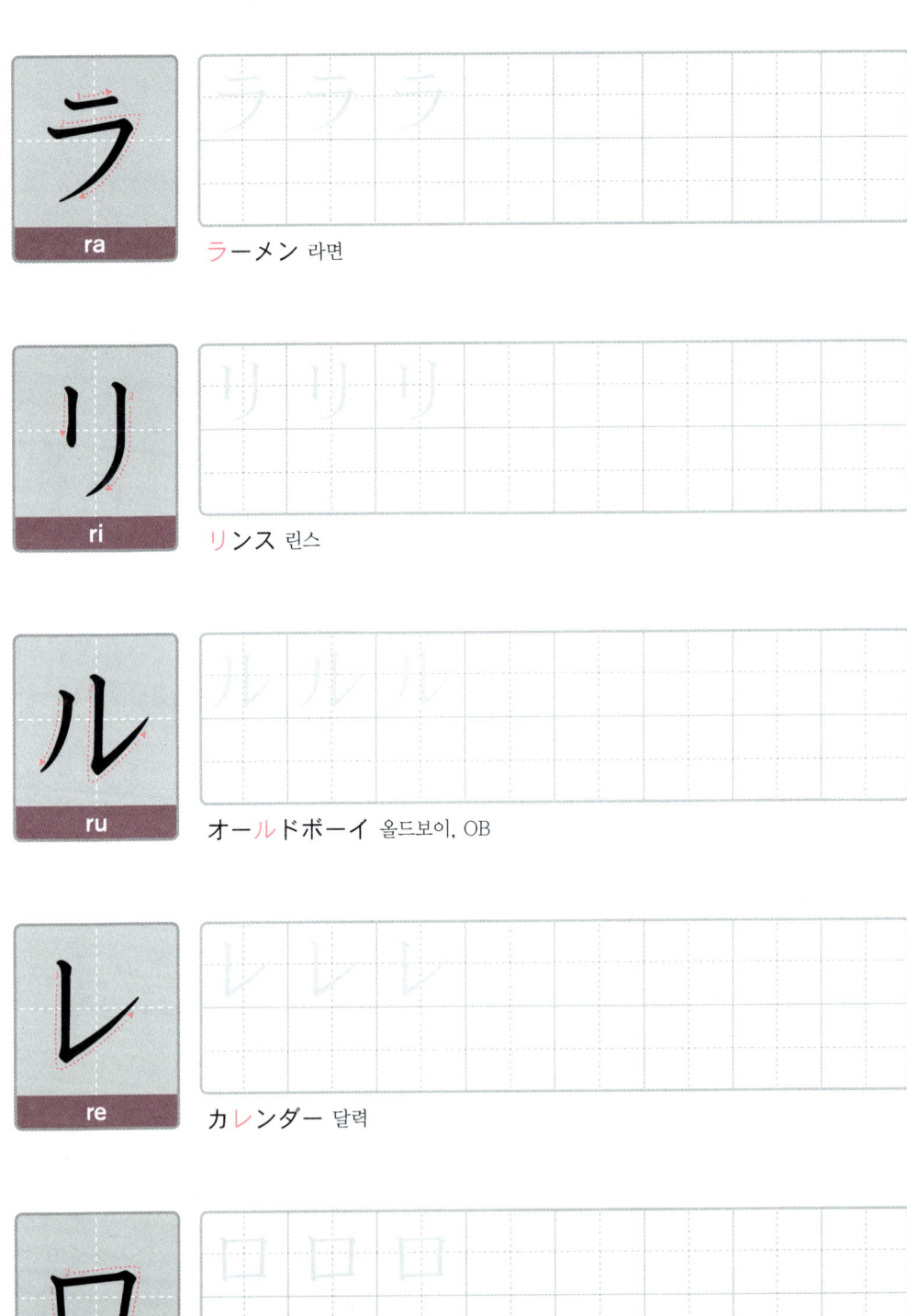

ra — ラーメン 라면

ri — リンス 린스

ru — オールドボーイ 올드보이, OB

re — カレンダー 달력

ro — ロシア 러시아

청음 わ행 ん

わ **wa**
わたし 나, 저

を **wo**
ほんをよむ 책을 읽다

ん **N**
みかん 귤

ワ **wa**
ワッフル 와플

ヲ **wo**

ン **N**
プリン 푸딩

2. 탁음·반탁음

が ga

がっこう 학교

ぎ gi

かぎ 열쇠

ぐ gu

かぐ 가구

げ ge

かげ 그림자

ご go

かご 바구니

탁음 が 행

ガ
ga

ガーゼ 거즈

ギ
gi

ギター 기타

グ
gu

グラス 글라스, 유리잔

ゲ
ge

ゲーム 게임

ゴ
go

ゴルフ 골프

ざっし 잡지

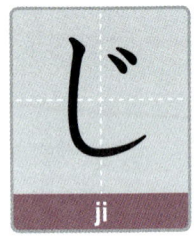 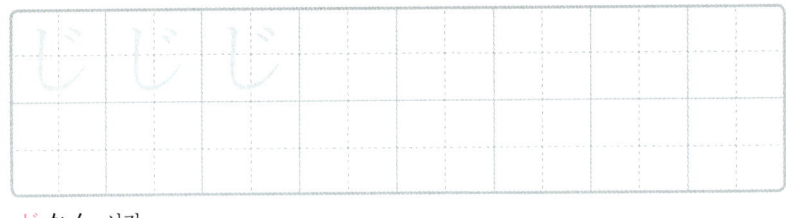

じかん 시간

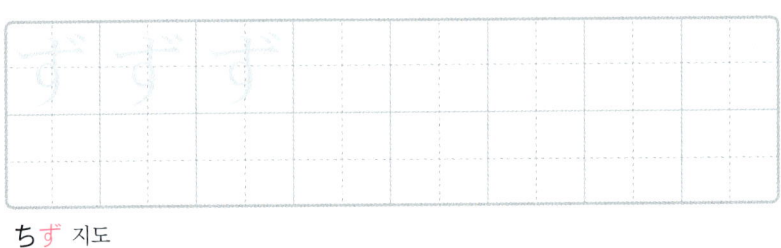

ちず 지도

かぜ 바람

かぞく 가족

탁음 ざ 행

デザイン 디자인

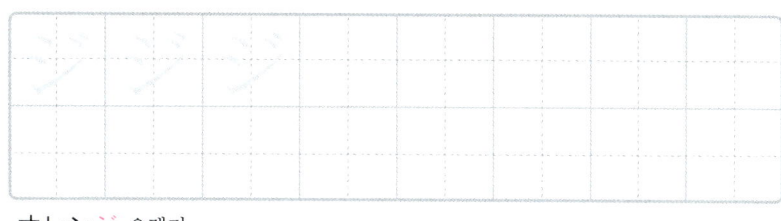

オレンジ 오렌지

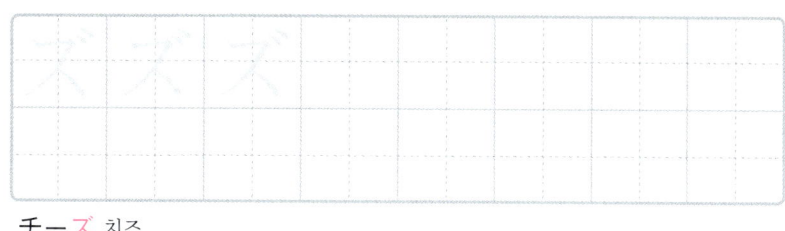

チーズ 치즈

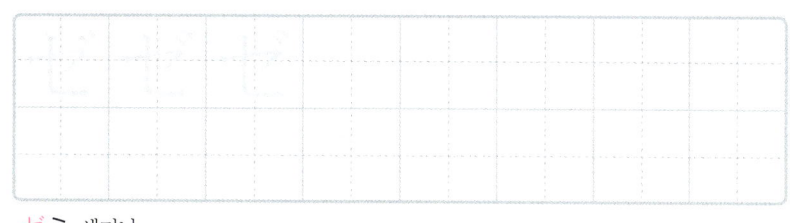

ゼミ 세미나

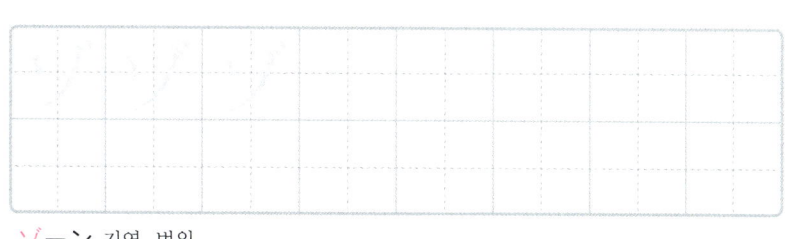

ゾーン 지역, 범위

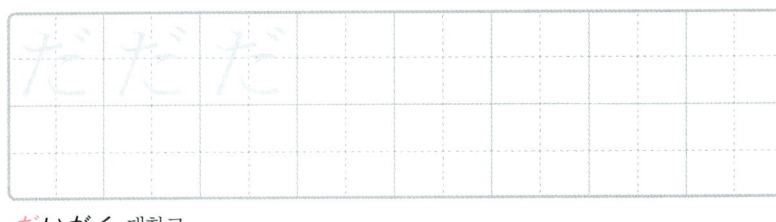

だいがく 대학교

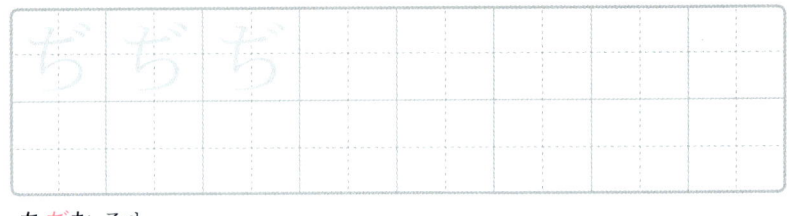

ちぢむ 줄다

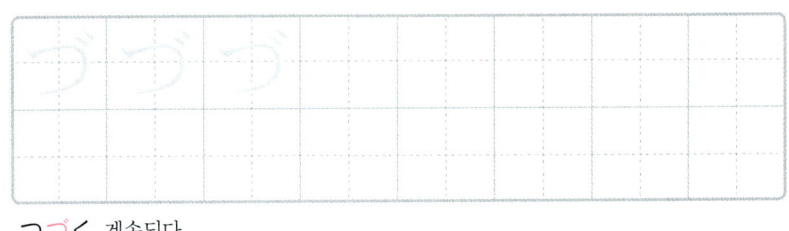

つづく 계속되다

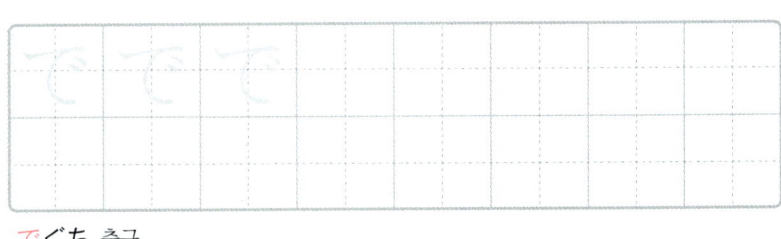

でぐち 출구

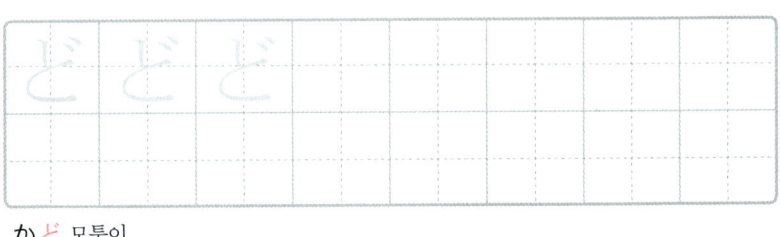

かど 모퉁이

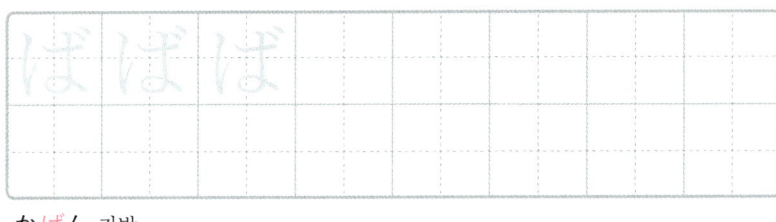
か**ば**ん 가방

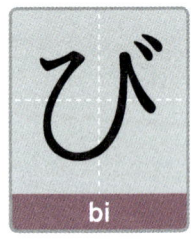
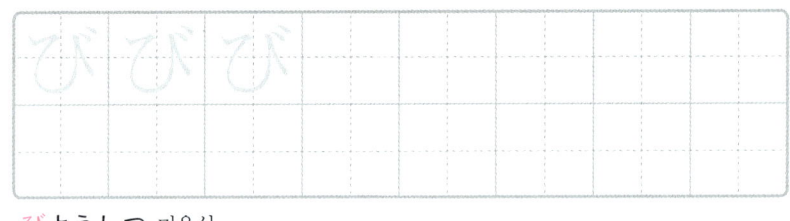
びようしつ 미용실

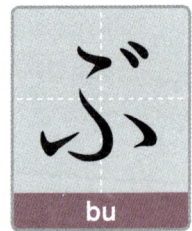
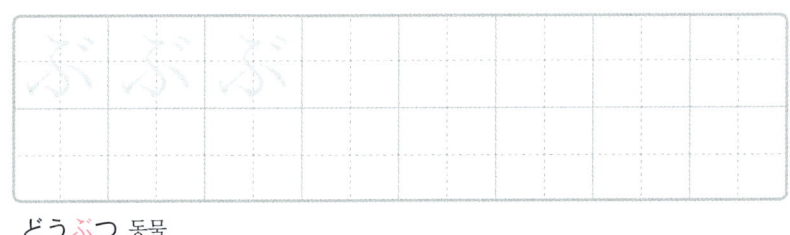
どう**ぶ**つ 동물

か**べ** 벽

ぼうし 모자

탁음 ば 행

バランス 밸런스, 균형

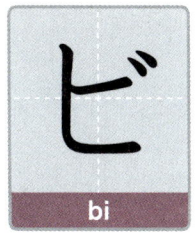
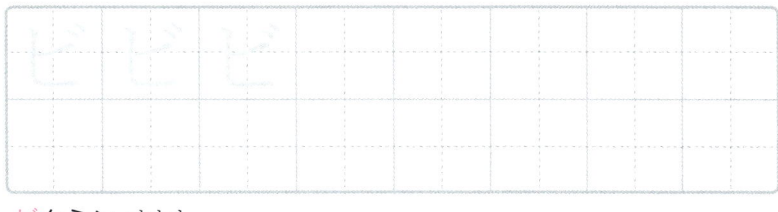
ビタミン 비타민

ブック 북, 책

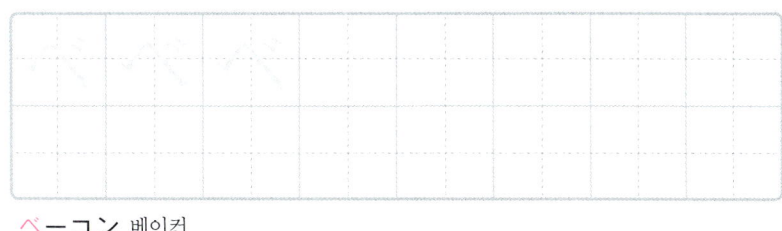
ベーコン 베이컨

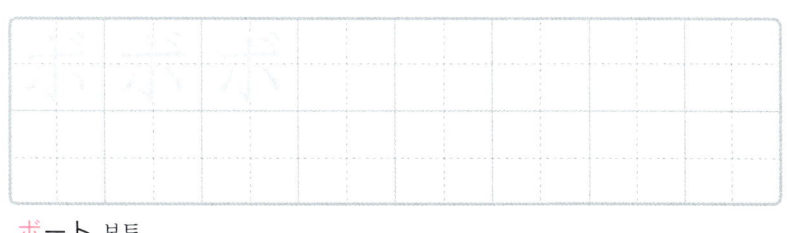
ボート 보트

 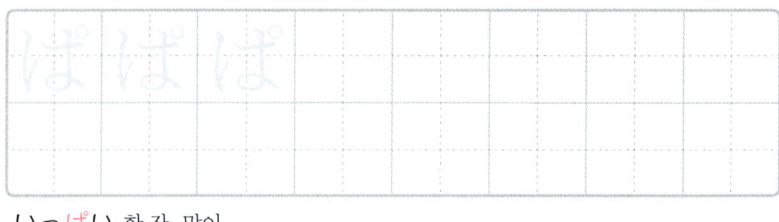

いっぱい 한 잔, 많이

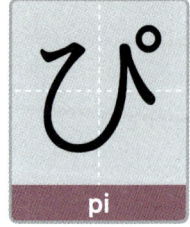 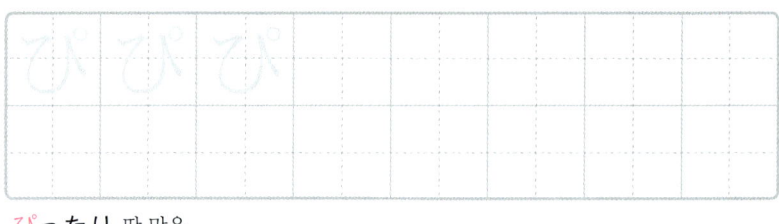

ぴったり 딱 맞음

せんぷうき 선풍기

 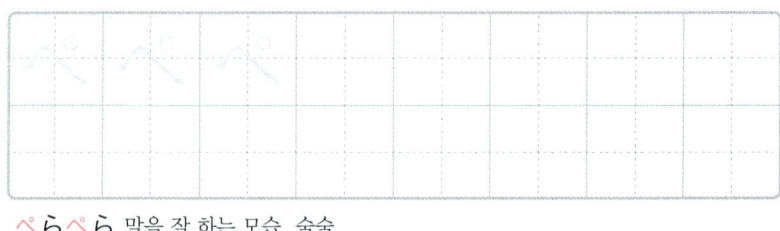

ぺらぺら 말을 잘 하는 모습, 술술

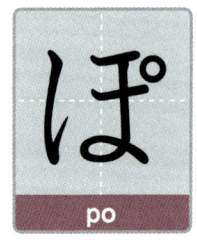 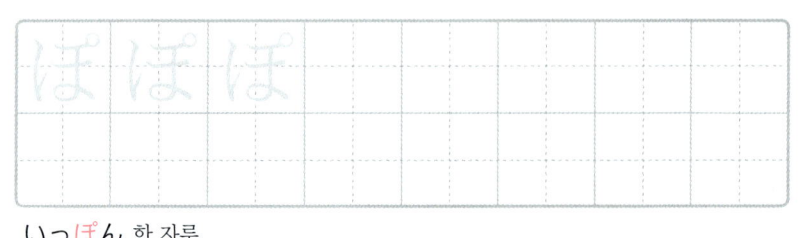

いっぽん 한 자루

반탁음 ぱ 행

パ pa	パパ 아빠
ピ pi	ピザ 피자
プ pu	プリンター 프린터
ペ pe	ペット 애완동물
ポ po	ポスト 우체통

3. 요음

かんきゃく 관객

きゅうけい 휴게, 휴식

とうきょう 도쿄

キャラメル 캐러멜

サンキュー 생큐(thank you)

요음 か が 행

	gya
ぎゃく 반대, 거꾸로임

gyu
ぎゅうにゅう 우유

gyo
きんぎょ 금붕어

gya
ギャンブル 도박

gyu
フィギュアスケート 피겨스케이트

gyo
ギョーザ 중국식 만두

요음 た 행

ちゃ cha — にほんちゃ 일본차

ちゅ chu — ちゅうい 주의

ちょ cho — かちょう 과장님

チャ cha — チャーハン 볶음밥

チュ chu — チューインガム 츄잉껌

チョ cho — チョコレート 초콜릿

요음 な행

にゃ nya

こん**にゃ**く 곤약

にゅ nyu

にゅういん 입원

にょ nyo

にょうぼう 아내, 마누라

ニャ nya

ラニー**ニャ** 라니냐

ニュ nyu

ニュアンス 뉘앙스

ニョ nyo

エルニー**ニョ** 엘리뇨

요음 は행

ひゃく 백(100)

ひゅうひゅう 바람이 심하게 부는 소리

ひょうし 표지

ヒューストン 휴스턴

요음 ば 행

びゃ bya
さんびゃく 삼백(300)

びゅ byu
びゅんびゅん 기세 좋게 움직이는 모양

びょ byo
かんびょう 간병

ビャ bya

ビュ byu
ビューティー 뷰티, 아름다움

ビョ byo

요음 ま 행

みゃ mya

さんみゃく 산맥

みゅ myu

みょ myo

びみょう 미묘함

ミャ mya

ミャンマー 미얀마

ミュ myu

ミュージカル 뮤지컬

ミョ myo

요음 ら행

りゃ **rya**

しょうりゃく 생략

りゅ **ryu**

りゅうがく 유학

りょ **ryo**

りょこう 여행

リャ **rya**

リュ **ryu**

リュック(サック) 배낭

リョ **ryo**

헷갈리기 쉬운 글자

| あ |
| お |
| い |
| り |
| め |
| ぬ |
| し |
| も |
| き |
| さ |
| は |
| ほ |

わ						
ね						
う						
つ						
え						
ふ						
れ						
わ						
る						
ろ						
な						
た						

헷갈리기 쉬운 글자

ア
マ
フ
ス
ウ
ク
ヤ
マ
エ
テ
ン
ソ

헷갈리기 쉬운 글자

ワ

ク

ユ

ヨ

ツ

シ

チ

テ

ナ

オ

ル

リ

뜻이 달라지는 단어

촉음

きて 오고	
きって 우표	
ねこ 고양이	
ねっこ 뿌리	
おと 소리	
おっと 남편	
がか 화가	
がっか 학과	
まくら 베개	
まっくら 암흑	
かた 어깨	
かった 샀다	

요음과 장음

いしゃ 의사					
いしゃ 석재상					
びょういん 병원					
びよういん 미용실					
いえ 집					
いいえ 아니요					
すき 좋아함					
スキー 스키					
ちず 지도					
チーズ 치즈					
ビル 빌딩					
ビール 맥주					